JN110908

# 真・古事記の宇宙

—古神道的考察—

竹内睦泰

青林堂

# 第七十三世武内宿禰《たけのうちすくね》と竹内睦泰《たけうちむつひろ》の狭間に生きて

令和2年1月13日　第七十三世武内宿禰竹内睦泰逝去

「うそ……」

「信じられない」

「本当は生きていますよね」

「なぜ？」

「涙が止まらない……」


さまざまな声が私の元に届きました。声を上げられるのはまだ良い方です。

思い入れが強い人の中には、心をそっと閉じ、沈黙してしまった人もいるほどです。急逝だったこともあり、個々の行き場のない思いが今でも彷徨《さまよ》っているように感じます。

令和元年6月、都心を離れ信州へ。

修行と静養、自給自足の実験を兼ねて森の生活を開始。

早朝より眼下に広がる雲海や町並みは、まるで神の世界にいるかのような錯覚を湧き起こし、くらくらしたものです。風の音と鳥が鳴くなかで、竹内先生は属星の破軍《はぐん》に意識を向けて言葉を唱え、座禅、ヨガ、体幹トレ。そして、天照拝《あまてらすはい》。祝詞《のりと》奏上。日により、月読拝、金星拝。日々、修行と思索、読書と執筆、料理、散歩を重ねながら、動画配信をするのが日課でした。

令和元年12月、救急搬送による緊急入院。

当初は「安静および経過観察のための入院」、推定3週間でした。

令和2年1月

「容体が急変しました。このまま今夜亡くなるかもしれません」

病院からの1本の電話。転院の準備で都内にいた私は、驚きつつも、そんなバカなという思いのなか、急遽、信州へ戻りました。

「あと3日か4日です」

担当医から死の宣告。思考停止。理解不能。悲しみは湧いてきません。ベッドに横たわる竹内先生からは死が近づいているようには見えず、でも、ベッドサイドにあるモニターの数値は標準値を大幅に下回り、担当医の言葉を後押ししていました。

それが現実。


「この人誰だかわかる?」

私は自分を指差し、竹内先生に問いかけてみました。私をジッと見て、首を大きく横に振りました。やっぱり……私のことはもうわからない、そんな気がしたのです。

すでに、竹内先生とはほとんど会話ができませんでしたが、そのときは、現実を目の当たりにしながらも奇跡が起こるはずと一縷《いちる》の望みを持っていました。

本当に〝死〟はくるのか……ふと年明けにつぶやいていた一言を思い出しました。

「俺、本当は12月12日に死ぬ予定だったんだよ」

突然何を？

「そんなこと誰が言ってたの？　誰から聞いたの？　誕生日前に死ぬ予定だったってこと？」

つい質問攻めにしてしまいました。そのときは深刻さはなかったので、神様からのお告げ？　と笑いながら何度も聞き返しましたが、竹内先生は口を閉ざして黙ってしまったのです。

その前日の早朝には、玄関に青と緑のグラデーションがかった小さな鳥がやってきたので、これは幸せの青い鳥？　お天気も雪の予報だったのが晴れたので心にすがすがしい風が吹き抜けたような気がして、良い予兆と思い、竹内先生のつぶやきには気にも留めなかったのです。

【死の3日間】

1月11日・死の2日前

竹内先生は天井を見上げ、目をギョロギョロさせ、手で三角形の窓を作り、天照拝《あまてらすはい》をやり始めました。

「天照大御神《アマテラスオオミカミ》様、来てるの？」

思わず聞くと、

「うん、うん、うん」

とすごい勢いで頷《うなず》きました。それには納得。というのも、天気予報が雪の日でもなぜかよく晴れたのです。徒歩とバスで山を下りて病院へ向かっていたので、雪が深くなると身動きが取れなくなりますから病院へは行けなくなります。それほど積雪の状態は重要でした。例年の半分ほどの雪だったらしく、山の上はウィンタースポーツを展開していた観光地だったため、事業している人たちが口々に嘆いていたほどです。

「今年は雪が少ない、これでは人が来ない。キャンセルが続いている」

これは、竹内先生だ。むっちゃんのせいだ。晴れ男だし、天照大御神様はご先祖様。

きっとそばにいるのだろうと秘かに思っていました。

1月12日・死の前日

この日も、天井を見上げ、両腕をあげて、前日とは違う型を手で作り、目をギョロギョロさせていました。明らかに誰かを見ているような、何かを見ているような目だったので、

「誰か来てるの？」

「うん、うん」

「天照大御神様？」

ブンブンと首を横に振ったので、

「スサノオ？　ツクヨミ？……閻魔《えんま》大王？……」

思いつくままに神様の名前を並べ、誰かまわず名前を言ってみましたが、すべて首を横に振られました。私は神様に詳しくない、ジッと目を閉じ、一体誰が来ているのか……

ハッと思い、

「もしかして、天御中主神《アマノミナカヌシノカミ》？」

「うん、うん、うん」

今度は大きく首を縦に振ってくれました。天御中主神は古事記の一番最初に登場する神様、宇宙を統一する宇宙神です。宇宙神・天御中主神が、迎えにきていたのか？　それとも連れていこうとしていたのか？　最後に対面していたのは天御中主神でした。

1月13日・死の当日

もう私の呼びかけにはほとんど反応しなくなっており、息をするのが精一杯でした。

呼吸がいつまで続くのか見守るしかなく、長いような短いような時間が流れていくだけ。激しく苦しむわけではなく、生と死の間を行き交うかのように息が止まり、また大きく息をする……ほんの一瞬ではありますが3度息を吹き返し、静かに常世の国へと旅立ちました。最後は穏やかに笑みを浮かべていたので、その姿から、ふいに起き上がって生き返るのではないかという思いがずっと残っていました。

この日、天では38年ぶりに土星と冥王星の会合がありました。偶然とはいえ、何か天の意を含むものがあるのでしょうか？　そういう思いがよぎる最後の夜でした。

【死因について】

ひとつだけいうと『溶血』という現象が起きてしまい、体内で血液が崩壊してしまいました。医学的な死因はもちろんありますが、親族、一族の意向により非公表とします。

【興味深い報告】

逝去の発表後、皆様の衝撃と落胆も時間の経過とともに少し様子が変わっていきました。

「竹内先生が烏帽子《えぼし》をかぶり狩衣《かりぎぬ》姿であらわれペコッとお辞儀をして消えていくビジョンを見ました。それで、あぁ、本当に亡くなったんだと悟りました」

「毎夜、竹内先生が夢枕にあらわれ祝詞を唱えています」

「ある夜、音がしたので、そちらを見たらむっちゃん先生がいました」

不思議なことに一度も会ったことがないという人からの報告が多いの

です。もし、何かビジョンを見たり、夢に出てきたら素直に受け入れてあげてください。

竹内先生自身がビジョンや夢見を重んじていましたから。

ひとつ歴史的な事例を挙げると、国学の四大人《しうし》・平田篤胤《ひらたあつたね》は本居宣長《もとおりのりなが》の死後門人です。平田篤胤は本居宣長没後、夢の中で弟子入りを許可され、宣長の息子、春庭《はるにわ》がそれを認めました。夢が現実につながっていった妙が歴史の記録にあるのです。

【第七十三世武内宿禰竹内睦泰を偲ぶ会開催・3月20日春分の日】

コロナ禍に揺れていた時期でしたが、100名以上の方がお集まりくださいました。

このとき、会場に「天照皇大神」の掛け軸をかけておりましたが、後日、多くの方から〝掛け軸が不自然に揺れていましたよ〟という報告があり、動画で確認したところ、確かに風のないなか幾度となく左右に大きく揺れておりました。また、当日になってキャンセルが1件あり、ひとつだけ席が空いてしまいました。

「竹内先生が座れるよう空いたのかもしれませんね」

そんな笑い話も含め、会場は明るい雰囲気に包まれ大いに盛り上がりました。

ご参会くださいました皆様、ありがとうございます。

【院号・後崇徳院《ごすとくいん》】

院号は、かなり前から決められており、憤死《ふんし》した崇徳院から『後崇徳院』とされていました。動画やＳＮＳでもたびたび言っております。崇徳院については、竹田恒泰氏が『怨霊になった天皇』という著書のなかで詳しく書かれております。また、【公式】竹田恒泰チャンネル２（１月16日第３６６回48分頃より）で、竹内先生の頬《ほお》から突然血が噴き出したという怪現象を詳細に語っております。崇徳院の誕生日が７月７日。私たちの結婚記念日と同じ日です。あとから知ったのですが思わぬ数字の重なりに驚きました。

【第七十四世武内宿禰について】

結果として予言通りナシ（74）です。一時期は竹内先生の隠し子がいないか探したり、側室を持って子作りをという提案までありましたが、時すでに遅し。もし、七十四世を名乗る人物が出てきたらインチキです。偽物です。今後、何らかの社会情勢の変化で長老会が第七十四世武内宿禰を立てることがあっても表に出ることはありません。

【生贄】

実は長野に行く前からあることをつぶやいていました。

「俺、後南朝《ごなんちょう》の生贄《いけにえ》だから」

「俺が顔をさらし本名を出すことで、後ろにいる後南朝、竹内一族が守られる」

「俺は生贄なんだよ」

ん……と思いつつ、単なる日常会話でしたから、気にもとめずにさらりと聞き流していました。また、竹内先生は、祭りごとで命を落とす人が出るニュースが流れてくると、決まって怒り気味に言っていたことがあります。

「あれは生贄だ。生贄は神様への捧げものだ。神に身を捧げ柱になる。つまり神になる。そういうことをわからない奴は祭りをやるな！　騒ぐな!!」

〝生贄〟というと古代文明よりある儀式で現代にはそぐわない印象がありますが、わかる人にはわかる形で残っているようです。誤解しないで欲しいのは生贄＝犠牲ではありません。理解が足りない私でも、竹内先生が熱く語っている姿を見るとなぜか不思議と頷いてしまうものです。

それと、竹内先生のブログやサインによく綴《つづ》られている一文。

『運命を創れ!!』

これには竹内先生のある願いが込められています。

「俺には宿命がある。運命は創れない。だからみんなには運命を創って欲しい」

そんな気持ちを込めてしたためていると言っていました。

話はまだ続きます。

「令和になってこの世はますます神の世界に近づいていく。神の世界はカオス。地上がコスモで秩序がある。神の世界には秩序がない。地上も神の世界、カオスがますます加速していく。令和の時代は大変なんだ。正さないとならないことがある」

これらはSNSで発信しており、メッセージ性が強いこともあり、重ねてこの言葉を残しておきたいと思います。

肉体を離れた竹内先生はこの世に未練はないでしょう。自分の宿命を受け入れたときから個を超えた潔《いさぎよ》さを持ち合わせていました。たとえ自分の身に何がおきようと、すべてを受け入れ、常に前を向こうとする姿勢がありました。

そもそもどうして第七十三世武内宿禰として表に出てきたのか?

その答えは明快。茨城・竹内文書の虚をどうしても正したかったのです。正す必要があったので、それを使命として口伝の一部を公開してきました。歴史上、武内宿禰は謎の多い人物のひとり。詳しくは『正統竹内文書の謎』(学研)をご拝読ください。

竹内先生は、古神道には天国も地獄もない。死後は常世の国〝今ここ〟同じ世界の別次元にいると言っていました。きっと、その言葉の通り、第七十三世武内宿禰の役目を果たし、常世の国へ、そして、宇宙へと帰還していったのだと思います。

【18股伝説】

では、竹内睦泰としてはどうだったのか？

『むちゃくちゃむっちゃん』とあだ名をつけられるくらい無茶ぶりを発揮しました。多くの人に笑いと喜びをもたらした一方で、一部の人々には大変なご迷惑をおかけしました。

それでも、皆、すべてを抱きしめ水に流してくれました。どこか幼子のような一面と、人としての〝破れ〟が独特の愁《うれ》いを醸すのか、皆そっと手を差し伸べてくれたのです。

さて、ひとつ、とっておきの出来事を紹介しましょう。

「予備校講師時代が俺の青春やった！」

その時代、なんと！　18股していたそうです。大学生時代は女子にはまったくモテなかったらしく、それが予備校講師になってから一転大爆発！　女子からの告白にはすべて〝うん、いいよ！〟と言っておつき合いしていたとか。でも、18股って？　一体どんなシフトを組んでデートしていたのか？　ニアミスはなかったのか？　トラブルは起きなかったのか？

つい、そんなことを想像しては笑ってしまいます。

男性の皆さん！　女性の皆さんも、いくらモテるからといって18股できますか？

なかには不誠実と思う人もいるでしょうが竹内先生の考え方は明確です。

「日本の一夫一妻制は昭和あたりから。それまでの日本は一夫多妻。お妾《めかけ》さんがいるのは普通にあったことだ。皇室は側室を持って血をつないできた。俺の先祖の後醍醐《ゴダイゴ》天皇は側室が40人以上いたぞ！　ガタガタいう奴は歴史を知らないからだ！」

そうくるか！　爆笑。代ゼミ時代、冤罪事件も起こされましたが（裁判を起こし勝訴して賠償金を受け取っています）、そんなことも吹っ飛ぶような18股。あっぱれ！

竹内先生は自分のことを〝俺は煩悩の塊やから〟と言っていましたから、なんというか、恐れ入りましたと笑うしかないです。

もちろん私は推奨しません。宗教上の一夫多妻・一妻多夫を〝是〟とする場合を除いて、現代の日本では二股でもトラブルの種になりますし、場合によっては殺人事件に発展します。男女の関係性も時代の流れにより変わっていきますので調子に乗って欲を押し通さないことが身のためです。

話が脱線しましたが、竹内睦泰としては、フィールドワークを基本に、自由に、〝中今《なかいま》〟の精神で〝今この瞬間〟を楽しみながら地上を駆け抜けるように人生を謳歌したのです。

【弟の急死】

そして、これは言うかどうか一番迷ったことですが、事実としてお伝えします。

実は、竹内先生が亡くなった3ヶ月後、先生の弟も急死しました。死因は非公表。

今は、兄弟そろって常世の国からこちらを見て微笑んでいるかもしれません。

【番外編】

3年数ヶ月前、

「結婚しよう。20年後に月で結婚式をしよう。神主は俺自らやるよ！」

仕事を終え、上弦の月を見ながらにこやかに言い放った一言。なぜ月で結婚式なのか？

その理由《わけ》は？　個人的に初めて会ったとき、竹内先生は泣いていました。

その涙につられつつ同時に涙を止めたいという気持ちがあったので、何気なしに自分の見た夢の話をしました。私は子供の頃、月にいる夢を繰り返し見ていたので、そんなことを淡々と話していたら、私をジッと見て、

「あなた、インドとエジプトに行ったことがありますね」

えっ……

「どうしてそれを……」

「今、審神者《さにわ》しました。僕は審神者ですからわかります」

私の目の前にいるのは〝武内宿禰〟であることを思い知らされた瞬間です。ついさっきまで泣いていた竹内先生とは違う、そこにいるのは、まぎれもない〝第七十三世武内宿禰〟であることを実感しました。

私の見ていた夢は、月にいた記憶なのか？ 魂の故郷は月なのか？ 幼い頃からそんな思いを抱えていたので、何らかの形で私を月に連れて行ってあげたいという気持ちが竹内先生にあり〝月で結婚式を〟という流れになったのです。

とはいえ当時は単なる夢物語。求婚というよりは後先考えていない無鉄砲な発言でした。

そして、話はまた戻りますが、私たちの初会合の日には続きがあります。

「今日からこの人が担当！」

青林堂さんに連れていかれ、事前打ち合わせなしに勝手に担当者にされました。

あれから3年数ヶ月。ぐるっとまわって私は再び青林堂さんへ。もはや奇縁としか言いようがありません。『古事記の宇宙』はすでに絶版になっていましたから本来は世に出る予定はありませんでした。こうしてまた『真・古事記の宇宙』として生まれ変わってこの本が世に出ることは、多くの人の願いであり、同時に竹内先生が一番望んでいたことでもあります。古神道でいう〝死と再生〟ですね。

このたびは出版の機会を作ってくれました青林堂さんの英断に感謝いたします。

【前方後円墳造成】

竹内先生、常世の国で古神道の儀式を執り行い、祈りを捧げているのでしょう。

何しろ、竹内先生の夢である『死んだら前方後円墳に入ること』を実現させようと古墳チームが自然発生的に発足し、現在その夢を叶えるために皆いろいろな形で、それぞれに奮闘してくれているのです。見えないところでの不思議なつながりが前進させてくれました。現場で仕事をする人はもちろん、資金面では多くの皆様に「竹内睦泰講演会ＤＶＤ」をご購入いただき、個々の想いを乗せて、共に夢の階段を昇っているのです。

【カオスと奇跡に満ちた令和という時代】

第七十三世武内宿禰竹内睦泰はこの世にはもうおりません。

残された私たちにつないでくれたものは何なのか。今一度考えていきたいと思っております。歴史は過去をなぞるだけのものではなく、未来を創造していくためのものだと竹内先生は繰り返し言ってきました。日本の神話に心を重ねることで、古代から刻まれているであろう宇宙の記憶を誰もが思い出すかもしれません。『真・古事記の宇宙』は竹内先生からのいざないの書。古事記の暗号を解く旅にぜひご一緒しましょう。

日本弥栄！

竹内哲子

## 第四章　三貴子の説話



## 第五章　神代から日嗣の皇子へ

# 古事記の宇宙

—古神道的考察—

竹内睦泰

青林堂

# はじめに

すべては無からはじまった。
すばる・・・
すべる・・・
うつしよの、
宇宙。
うまれる。

日本人は古事記を知らない。
古事記は日本の根本を書いたものである。
そして宇宙と自然の叡智《えいち》が凝縮されている。
今回「帝皇日嗣口伝《ていおうひつぎくでん》」を公開することによって、
古事記の解釈を一歩進めることとした。

口伝・・・。
文章になっていないから信用できない。
と、いう人もいるだろうけれども。
「古今伝授《こきんでんじゅ》」などは古今和歌集の秘密の解釈の口伝である。
武術にも口伝があり、茶道にも口伝がある。
継承者だけが相伝するのがならわし。
これが日本の伝統である。
古事記も、もともと口伝を集めたものである。
そのことをはっきりと書いている。
私は日本を愛している。
そして、宇宙に生かされている。

第七十三世　武内宿禰

# 序章　暗号の書『古事記』

## 『古事記』は謎に満ちている

謎に満ちあふれた書、それが『古事記』です。

『古事記』は「日本最古の歴史書」で、千三百年以上前に書かれた（七一二年成立）とされています。

しかし、その原本はなく、現在、『古事記』の最初とされるのは平安時代の写本です。こうしたことから、『古事記』の存在自体を疑う人もいるくらいです。

これまで、どれだけ多くの学者が『古事記』の謎を解明しようと試みてきたことか。

江戸時代の本居宣長《もとおりのりなが》はその先陣をきった人です。宣長なかりせば、今日の私たちが『古事記』を読めたかどうか、それさえも疑わしいところがあります。

宣長はその半生、約三十五年の歳月をかけ、『古事記』の注釈書である『古事記伝』四十四巻を書きました。なぜこれほどまでに膨大な研究が必要だったのか。ひとえに、『古事記』が難しすぎたのです。

複数の写本の比較や、文字や訓法といった解読の基礎から始まって、

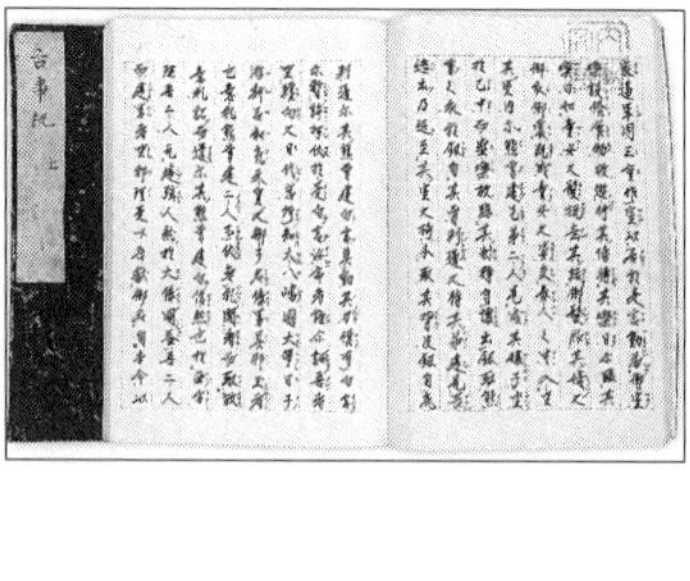

古事記 慶長《けいちょう》御写本《ごしゃほん》

古代世界の理念にまで到る宣長の研究は、それまでにない本格的なものでした。

それでも、謎が解明されたわけではありませんでした。

なぜ、『古事記』の謎はなかなか解明されないのか。

それは、『古事記』が暗号で書かれているからです。

『古事記』が暗号で書かれていることさえ、あまり知られてはいません。

暗号解読の鍵は口伝《くでん》にあります。

口伝とは、ときには「奥義《おうぎ》」などとも呼ばれ、その道における非常に重要なことを、文字通り口で伝える方法です。

武芸、茶道、華道、香道、学問、技術など、さまざまな分野に口伝が存在します。

『古事記』の内容そのものが口承伝承されてきました。長きにわたって口伝えに伝えられてきたことからだけでも、その内容がいかに重要なものであるかがわかります。

『古事記』は単に日本の過去の歴史を伝えるだけのものではありません。

『古事記』は宇宙史さえ含んでいます。

「無」から始まり、宇宙が創られ、地球が、世界が、日本が創られたときを描きます。そして現代に繋がる歴史を壮大なスケールで伝えるものなのです。

私は竹内家の長男に生まれ、第七十三世武内宿禰《たけのうちのすくね》を受け継ぎました。それと同時に、代々竹内家に伝わる口伝を受け継いだのです。

口伝とは本来秘密のものです。

しかし、語らなければ口伝は残りません。

当たり前のことですが、人はいつか必ず死にます。

受け継いだ口伝を語るべきかどうか、悩んだこともありました。

第七十四世武内宿禰がまだ決まっていない今、私が生きている間に、たとえ「許される範囲で」という条件がつくにせよ、語れることは語ってしまおうと決めたのです。

語っておこうと決めた理由のひとつには、私自身が死を意識するような経験をしたということもありますが、茨城のいわゆる「竹内文書《たけうちもんじょ》」の存在もあります。茨城竹内文書は、明治期に竹内と称した家の養子に入った下西庄二郎《しもにししょうじろう》やその養子、竹内巨麿《きよまろ》らが、真の竹内家の極秘口伝で

武内宿禰

あると主張しました。

茨城竹内文書の元になる話を伝えた、茨城の竹内家というのは、実際には竹内家との血縁はなく、竹内家の直会《なおらい》（宴会）には参加できない人でした。ただ、代々竹内家の墓守をしていた地下人《じげびと》だったので、直会の席で語られる話を断片的に漏れ聞いていたわけです。

おそらくは、面白そうな話のところだけ聞き耳を立てて聞いていたものとみえて、雑口伝《ざつくでん》ばかりです。第一、竹内文書の極秘口伝は語ってはならないことなのですから、大事なことは飲み会の席などでは語りません。本筋の口伝からは外れた雑口伝をもとに、「竹内」の血がまったく入っていない人たちが、あまりにも奇想天外な話を作り上げたのです。

古墳時代の武内宿禰が飛行船で世界一周旅行をしたり、紀元一世紀前半に活動していたイエス・キリストが垂仁《スイニン》天皇の時代（三世紀ごろ）に来日していて、名前が八戸太郎天空《はちのへたろうてんくう》だったりと、お話としては面白いのですが、無理がありすぎます。

正統『竹内文書』は本来、門外不出で、表に出してはならないものです。しかし、『竹内文書』と称して嘘の話がまことしやかに広まっていくのを座視しているよりも、ある程度きちんと語っておくべきだと考えました。

覚悟はできています。お付き合いください。

手始めに、『古事記』の暗号がどんなところに、どのような形で入っているのか。いくつかご紹介しましょう。

## 『古事記』と『日本書紀』を書いたのは誰か

まずはタイトル、書物の名前からです。

書物の名前である『古事記』は今では「こじき」と発音されますが、口伝では「ふることふみ」と呼んでいました。

「ふることふみ」です。「ふることぶみ」とは濁りません。

いつから「こじき」と呼ばれるようになったのかは不明ですが、順序としては、「ふることふみ」と呼んでいたものを、その意味を表す漢字を使って「古事記」と表記するようになり、次に、表記された「古事記」から、いつしか「こじき」と呼ばれるようになったのでしょう。

ですから、『古事記』という名前は間違っていないと思います。

次に、『古事記』がどのようなものであるかを知るために、いろいろな点で比較される『日本書紀』との関係を見てみましょう。

『古事記』が出されてから八年後の、七百二十年に、『日本書紀』ができあがりました。

『日本書紀』は今に伝わる「最古の日本の正史」だと言われます。

あとから出された『日本書紀』が正史ならば、『古事記』はどのような歴史書なのか。

同時とも言えるぐらいの短い期間に、二つもの歴史書がなぜ、相次いで編まれたのか。なぜ、そうしたことが必要だったのか。なぜ、両書の記す内容や記述が異なっていたり、記述の量に差があったりするのか。なぜ、同じ神名を表記するのに異なる漢字が用いられているのか。

なぜ、なぜ、なぜ、と次から次へと疑問が出てきます。

中身を見ても、同じ時代を扱っているはずなのに、両書の構成にもずいぶん違いが見られます。

たとえば、神話です。

『古事記』では神話が三分の一を占めるのに対して、『日本書紀』では

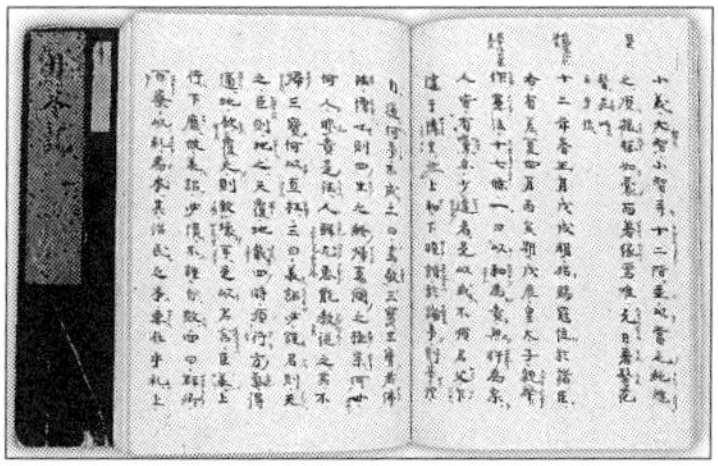

日本書紀写本　紅葉山文庫《もみじやまぶんこ》旧蔵《きゅうぞう》

八分の一にしかすぎません。これだけでも、両書はまったく別のコンセプトで作られたことがわかります。すでにここにひとつ、『古事記』の暗号があるのです。

『古事記』は日本国内向けに書かれました。それゆえ、基本にあるのはあくまでも『古事記』です。

日本人に伝えるものを書くわけですから大事なこと、確実に残したいことを本気で書いています。

それに対して、全編漢文で書かれた『日本書紀』は対外用、すなわち中国向けに書かれたものです。

もっと、はっきり言いましょう。

『日本書紀』は中国向けに嘘を書いています。中国に対して本当のことを言う必要は、まったくといっていいほどありません。

たとえば、いかに、日本のほうが偉いかということを言うために、神《ジン》武《ム》天皇が即位した時代を「辛酉《かのととり》（または、しんゆう）」と記します。

このときの辛酉の年は、西暦紀元前六六〇年が該当すると言われます。

辛酉の年は、社会的に大きな変革がもたらされると信じられていたからだと考えられます。

天皇の年齢を記すのも、応神《オウジン》天皇や仁徳《ニントク》天皇が百歳以上ですから、ずいぶん長生きしたことになっています。不老長寿に憧れるお国柄の中国を刺激したのではないでしょうか。もっとも、相手は「白髪三千丈」の国ですから、割り引いていたかもしれません。

内容と構成だけではなく、出て来る固有名詞も『古事記』と『日本書紀』では異なっていたり、表記する漢字が違っていたりします。

例えば、イザナギノミコトは伊耶那岐命（『古事記』）、伊奘諾尊（『日本書紀』）、スサノオノミコトは須佐之男命（『古事記』）、素戔嗚尊（『日本書紀』）、ウマシアシカビヒコヂノカミ（またはミコト）は、宇摩志阿斯訶備比古遅神（『古事記』）、可美葦牙彦舅尊（『日本書紀』）といった具合です。同じ名前なのに、ここまで一々、使う漢字を変えているのです。

なぜ、そんな手の込んだことになっているのでしょうか。

それは、中国に本当のことを知られたくないから、知られてはマズいからです。

本当のことを隠すために、ものすごく労力をかけて、強引に字を全部変えて、嘘を書いているのです。

そこで、さらに疑問が浮かびます。

同じ時代を描きながら、その内容、描き方、文字の表記までがここまで異なる本が、なぜほぼ同時にできたのかという疑問です。『古事記』と『日本書紀』は、それぞれに異なる目的をもって、明らかに書き分けられています。

実は、作者が同じなのです。

『古事記』と『日本書紀』の実際の作者は同じ人たちでした。

中臣大嶋《なかとみのおおしま》と平群子首《へぐりのこびと》。この二人が両書を実際に書きました。

書いた人が同じだっただけではありません。両書のコンセプトをグランドデザインし、どちらの編纂《へんさん》にも関わったのが、当時の最高権力者・藤原不比等《ふじわらのふひと》（本名は史《ふひと》）です。両書が藤原史の事績とされることからも、藤原史が最終的な監修者であったと考えられます。

つまり、同じライターが、同じ編纂者のもとで、同じ時代を、異なる目的のために、別々の本として書いたのが『古事記』と『日本書紀』なのです。

では、これまで、『古事記』は稗田阿礼《ひえだのあれ》が口承伝承し、太安万侶《おおのやすまろ》がそれを執筆したと言われてきたことはどうなるのでしょうか。

それも本当です。

稗田阿礼も太安万侶も『古事記』の編纂には関わっていました。

稗田阿礼とは口伝えを相承する一族の者で、「阿礼」とは歴史を伝える長《おさ》、歴史のトップを意味します。

稗田阿礼とは、いわばペンネームのようなものです。

おまけに、稗田阿礼は何人もいたのです。この暗号については、追々語っていきます。

太安万侶についてはどうでしょうか。

この人は長い間、架空の人物だとさえ言われ、存在そのものが否定されてきました。

しかし、太安万侶は存在しました。

昭和五十四年、太安万侶の墓碑銘が見つかり、実在がはっきりと証明されたのです。

そのような考古学による証明がなくても、太安万侶の子孫が実在するのですから、先祖である太安万侶の存在は否定しようがありません。

太安万侶の子孫は「多《おお》」という名前で、最近まで宮内庁の雅楽部に勤務し、「特別な音を聞かせてあげましょう」という具合に楽器を演奏し、ちゃんとお給料をもらっていました。

また、奈良新聞（２０１２年11月19日付）に奈良の多《おお》神社の宮司、多《おお》忠記《ただふみ》氏も太安万侶の子孫だということが書かれています。

## 『帝皇日嗣《ていおうひつぎ》』は存在している

『古事記』は藤原史チームが書きました。

藤原不比等（本名は史）の監修のもと、中臣大嶋、平群子首、稗田阿礼、太安万侶らが加わって書いたのです。

このとき、元になったのは稗田阿礼の口承伝承だけではありません。他にも、元にした史料がありました。

その一つが『帝皇日嗣』と呼ばれるものです。

『古事記』の前文にそのことは書かれています。暗号ではありません。

原文と現代語訳を御覧ください。ちなみに本書では、『古事記』原文は『新版 古事記』（中村啓信《なかむらひろとし》 角川ソフィア文庫）、現代語訳は福永武彦《ふくながたけひこ》訳の『現代語訳 古事記』（河出文庫）を使います。なお、『現代語訳 古事記』の引用にあたっては、読み仮名の表記法をルビに統一しました。また、原典にないルビを必要に応じて補いました。

また、引用以外の地の文では、神名の表記と読み方は、私、竹内睦泰の流儀の書き方で統一します。神名には、『古事記』・『日本書紀』の表記の違いだけでなく、異名・別名がたくさんあります。その中から個々の字の意味や読みやすさも考えて選んだら、結果的に『日本書紀』の表記と同じになったものもあります。別に嘘をつくつもりで選んだわけではないので気にしないでください。

姓《うぢ》は稗田《ひえだ》、名は阿礼《あれ》。年は是《こ》れ廿八《はたちあまりやつ》。人と為《な》り聡明《さと》くして、目に度《わた》れば口に誦《よ》み、耳に払《ふ》るれば心に勒《しる》す。阿礼に勅語《みことのり》して、帝皇《すめらみこと》の日継《ひつぎ》と先代《さきつよ》の旧辞《ふるきことば》とを誦《よ》み習《なら》はしめたまふ。

姓は稗田《ひえだ》、名は阿礼《アレ》という舎人《とねり》がありました。年は二十八、生まれつきはなはだ聡明であり、どのような文章でも一度目で見れば暗誦《あんしょう》することができ、一度耳で聞いたことは、心に刻《きざ》んで忘れません。そこで天皇はアレにご命令になり、帝皇《ていおう》の日継《ひつぎ》および先代の旧辞を、読み習わしめたまいました。

では、この史料『帝皇日嗣』はどこにあるのでしょうか。

『帝皇日嗣』の名は知られているものの、奈良時代に散逸し、原形は伝わっていないと一般的には言われます。

『帝皇日嗣』は消失したことになっています。武内宿禰の子孫である蘇我家が持っていたものは、大化の改新のときに蘇我氏の屋敷ごと焼かれてしまったのは確かです。

しかし、同じく武内宿禰の子孫である平群氏も『帝皇日嗣』の写本を持っていました。

『帝皇日嗣』の写本は今も存在します。

私は口伝を受け継いだと言いました。

受け継いだ、竹内家に伝わる口伝は「正統竹内文書《せいとうたけうちもんじょ》」と言います。

「正統竹内文書」の正体が『帝皇日嗣』なのです。

「正統竹内文書」の本名が『帝皇日嗣』（文書としての名は『帝皇日嗣極秘口伝』）なのです。

『帝皇日嗣』には「帝皇日嗣○○代」として、その神や天皇が何代目にあたるのかという記述があります。

たとえば、『古事記』の最初に記される天御中主神《アマノミナカヌシノカミ》は「帝皇日嗣初代」と記されています。

『帝皇日嗣』に書かれていることがすべて『古事記』に記されているわけではありません。

たとえば、天御中主神は「帝皇日嗣初代」であり、『古事記』でも最初に登場する神です。しかし、『帝皇日嗣』によれば、それよりも前の神がおられます。いうなれば、「帝皇日嗣零《れい》代」の神々です。

『古事記』は天御中主神よりも前の神のことは書いていません。

天御中主神より前の神たちは神の皇帝、すなわち「神皇《じんこう》」と呼ばれます。

神皇についてては極秘中の極秘口伝なので残念ながら語れません。私に「正統竹内文書」を授けてくれた長老会の許可も得られないので話せないのです。

その代わりと言ってはなんですが、『古事記』に書かれている神については語ってよいとの許しを得ているので、大いに語っていきます。

## 春秋歴《しゅんじゅうれき》

『古事記』が描く世界に入る前に、年齢の数え方に関すること、暦について確認しておきましょう。

暦は何を基準にするかで、いろいろな数え方があり、時代や場所によっても実に様々な暦が使われています。

暦はとても大切なものです。権力者だけが暦を支配でき、暦を支配するものが権力者になれるのです。

『古事記』でも天皇の年齢が百二十何歳など、とてもそんなには長く生きられないだろうと思われる高い年齢で記されることがあります。

これは「春秋歴」という、一年を二つに分けて考えるやり方をとっているからです。つまり、私たちが考える一年を二年として数える方法です。この方法ですと、記された年齢の半分が実際の年齢になります。

この、一年を二つに区切る考え方は案外身近なところにあります。「夏越《なごし》の祓《はらえ》」と「大晦日《おおみそか》」です。

「夏越の祓」とは六月三十日を晦日と考えます。すなわち一年の区切りで、一月一日から六月三十日までが一年です。

「大晦日」は今もよく知られています。一年の穢《けが》れを祓って新年を迎える「年越しの祓」を行います。ですから「年越《としこし》」と呼ぶのです。「夏越の祓」も同じように、一年の穢れを祓って新年を迎えるものです。

「正統竹内文書」では「月読暦《つくよみれき》」と言われる口伝もあって、春秋歴ともまた少し違うので、天皇の年齢や出来事の時間にズレが生じます。しかし、基本は春秋歴という考えで押さえるとわかりやすいでしょう。

『古事記』のあちらこちらに暗号がちりばめられていそうなことが少し見えてきたでしょうか。

同時に、暗号のありそうなところにも目星をつけられるという感覚を持てたのではないでしょうか。

さあ、心の準備ができたところで、本格的に『古事記』の暗号を解読しながら、「無」から「現在」までのすべての歴史を学ぶ旅に出かけましょう。

# 第一章　宇宙創成

## 序文に隠された宇宙の秘密

すべては無から始まりました。

『古事記』はそれを正確に記しています。もちろん、暗号で。

「無」とはどのような状態を言うのでしょうか。

「無」とは、何かが単にまったく存在しないという状態ではありません。

「無」とは、何かが「無いという状態が有る」ということを意味します。

よく考えてみると、至極当たり前のことですが、何かがまったく存在しないのであるならば、私たちはそのことに気づくこともできません。ましてやわざわざ、名づけることもしないでしょう。

しかし、一旦、何かの存在に気づき、そのあとで、改めてそれが存在しない状態があることに気づくわけです。

それが「無」です。

『古事記』の世界は「無」という、「無いという状態が有る」ということを、はっきりととらえています。

しかし、表現は暗号です。

まずは、『古事記』を概観しておきましょう。

『古事記』は三巻から成ります。

三巻はそれぞれ、上《かみ》つ巻《まき》、中《なか》つ巻《まき》、下《しも》つ巻《まき》と呼ばれます。

各巻は、上つ巻が前文にあたる「序」と天御中主神から神倭伊波礼《カムヤマトイワレ》毘古命《ビコノミコト》（のちの神武天皇）が誕生するまでのことを記します。

中つ巻が神武《ジンム》天皇から応神《オウジン》天皇までのことを記述します。

下つ巻が仁徳《ニントク》天皇から推古《スイコ》天皇までのことを記しています。

上つ巻が神話にあたる部分を書いています。

これがちょうど三巻のうちの一巻にあたるので、前章で、『古事記』は神話が三分の一を占めていると書きました。

上つ巻にある序は太安万侶によるものです。本文に先立って、次のように記されます。


臣《やつかれ》安萬侶《やすまろ》言《まを》す。

天皇の忠実な臣下である安万侶《やすまろ》が、ここに奏上《そうじょう》いたします。

このように、序は太安万侶が天皇に奏上する形式でなされています。

序は大きく三つの内容から成ります。

最初に、古《いにしえ》を振り返り、次に『古事記』が編《あ》まれることになったきっかけを説明し、最後に『古事記』が成立した経緯を記すという流れです。

序は簡潔に、しかも非常に美しく語られます。

いわゆる、美文です。

その美しい序に、すでに秘密があるのです。

太安万侶はまず、序に秘密を入れています。

どんな秘密なのか。順を追って解き明かしていきましょう。

まずは、序の冒頭です。


夫《そ》れ混元《まろかれたるもの》既《すで》に凝《こ》りて、気象《いきかたち》効《あらは》れず、名《な》も無《な》く為《わざ》も無く、誰《たれ》か其《そ》の形《かたち》を知らむ。然《しか》れども乾坤《あめつち》初めて分かれて参神《みはしらのかみ》造化《あめ》の首《はじめ》と作《な》り、陰陽《めを》斯《ここ》に開《ひら》けて、二霊《ふたはしらのかみ》羣品《よろづ》の祖《おや》と為《な》れり。

そもそも遠い昔のこと、造化《ぞうか》の気《き》がしだいに凝《こ》りかたまっても、いまだに外に現われて来るにはいたらず、したがって名前もなければ、動きもない、誰もその形を知らないというそもその宇宙の初めに、天と地とが分かれ、アメノミナカヌシノ神・タカミムスビノ神・カミムスビノ神の三柱《みはしら》の神が、宇宙造化の緒《いとぐち》をつくり、陰と陽とが別になって、ここにイザナギノ神・イザナミノ神が、生きとし生けるものの親となりました。


序の原文に具体的な神の名は出てきません。

序では「参神《みはしらのかみ》」「二霊《ふたはしらのかみ》」と記されるだけです。

引用した現代語訳では、そのように表現された神たちの名を先取りして書いていますが、実際にそれらの名が出てくるのはこのあと、本文に入ってからです。

本文に入って、最初に名が記されるのが天御中主神《アマノミナカヌシノカミ》です。

序で、「参神」とされたうちの一柱《ひとはしら》です。

天御中主神が『帝皇日嗣』でも帝皇日嗣初代だということは、先ほども言いました。

「天地《あまつち》初めて分かれて」最初に現れたこの神は一言で言えば宇宙神です。

ですから、この世界が天御中主神から始まったと言われても、あまり疑問に感じないかもしれません。

しかし、本当は天御中主神から始まったのではありません。

その前があるのです。

太安万侶は「乾坤（天地）初めて分かれて」と表現しました。

そう表現することで、まだ、そうではなかった状態、すなわち「天地未《いま》だ分かれず」という状態があったことをも表現しています。

そして、そこに「アマツチイマダワカレズノカミ」という神がいるということを隠しているのです。

名前を記した、天御中主神の前にも神が存在するということを言っているのにほかなりません。

太安万侶は「名《な》も無《な》く為《わざ》も無く、誰《たれ》か其《そ》の形《かたち》を知らむ」と続けて言いました。

つまり、太安万侶は、本当の最初の神が「無の神」であること、天御中主神の前に「無の神」が存在するということを、実にさりげなく隠したのです。

序が非常に美文なのは神の名前を隠しているからです。

それは祝詞《のりと》（神に捧げる詞）そのものと言えます。

『古事記』の序は祝詞なのです。

序だけが祝詞なのではなく、『古事記』そのものが祝詞です。

『古事記』の暗号に込められた「無の神」には名前がないのでしょうか。

そんなことはありません。

『帝皇日嗣』は「無の神」を「皇祖元主元無極主大御神《ミオヤモトスミクライヌシノオオミカミ》」と口伝します。

この神こそが帝皇日嗣零《れい》代の神です。

さらに、『帝皇日嗣』が伝える「帝皇日嗣零代」はこの神だけではありません。

このあと、「帝皇日嗣零代」が何代も続きます。

そして、それはどれくらい続いたかというと、「年暦《ねんれき》無数《むすう》」と言われます。文字通り、数えられないくらいの長い長い間です。

なぜ年暦無数なのかというと、このときはまだ時間の神が登場しておらず、〝時間〟というものがなかったからです。

「帝皇日嗣零代」から「帝皇日嗣初代」に至るあいだにも、神々が大勢いるのです。

すなわち、「無」の状況からいろいろな神が登場します。

たとえば、意識の神、音の神、温度の神、重力の神、光の神、そして時間の神などなどです。

これは『帝皇日嗣』が極秘口伝として伝えていることです。

しかし、最初にお断りしたように、門外不出、秘授口伝ゆえ、これ以上は話せません。

とにもかくにも、ここでしっかり押さえておきたいことは三つです。

一つ目は、『古事記』が記す最初の神、天御中主神の前にも神々がいたということ。

二つ目は、その始まりは「無の神」であったということ。

そして三つ目は、『古事記』が具体的にその神の名を記すことはなかったけれども、存在については伝えているということです。

『古事記』は「無という状態が有る」ということを認識していました。

しかも、「神」としてとらえていたということがポイントです。

私は第七十三世武内宿禰《たけのうちのすくね》を受け継ぎ、「正統竹内文書」を口伝されました。

その口伝を授けてくれた竹内家の長老会は十二家あります。

参議も十二人います。

それは十二種類の口伝が存在することを意味します。

たとえば、次章で述べる宇宙創成神話も十二種類あるのです。

そのように、十二種類もの口伝が存在し、「無の神」に関しても、神名だけで十二種類あり、その中には「元無極体大御神《モトフミクライオオミカミ》」、「元主御位主大《モトヌシミクライオオ》御神《ミカミ》」という名もあります。

しかし、神名にこそ違いはあれど、どの口伝も「無の神」から始まることに相違はありません。そのことだけは見事に一致しています。

これは偶然と表現されるようなことなのでしょうか。

偶然と言ってしまえば、なにやら、それ以上でもそれ以下でもない、そこで終わってしまうことのような響きがあります。

もちろん、そうではありません。

この「偶然」というのがいかに大事なことなのかということです。竹内神道《たけうちしんとう》、すなわち、古神道《こしんとう》では、「偶然は神」と言われています。序に込められた暗号が一つ解けたところで、続けて『古事記』の本文に入っていきましょう。

## 別天神《ことあまつかみ》——天御中主神《アマノミナカヌシノカミ》、高皇産霊神《タカミムスビノカミ》、神皇産霊神《カミムスビノカミ》

いよいよ『古事記』の本文です。本文はこのように始まります。

天地《あめつち》初めて発《ひら》くる時に、高天原《たかあまのはら》に成《な》りませる神の名《みな》は、天之御中《あめのみなか》主神《ぬしのかみ》。次に高御産巣日神《たかみむすひのかみ》。次に神産巣日神《かむむすひのかみ》。此《こ》の三柱《みはしら》の神は、みな独神《ひとりがみ》と成り坐《ま》して、身《み》を隠《かく》したまふ。

宇宙の初め、天《あめ》も地《つち》もいまだ渾沌《こんとん》としていた時に、高天原《たかまのはら》と呼ばれる天のいと高いところに、三柱《みはしら》の神が次々と現われた。初めに、天の中央にあって宇宙を統一する天之御中主神《アメノミナカヌシノカミ》。次に、宇宙の生成をつかさどる高御産巣日神《タカミムスビノカミ》。および、同じく神産巣日神《カミムスビノカミ》。これらの

神々は、みな配偶《はいぐう》を持たぬ単独の神で、姿を見せることがなかった。
最初に登場するのが、天御中主神、二番目が高皇産霊神《タカミムスビノカミ》、三番目が神《カミ》皇産霊神《ムスビノカミ》です。

原文では神名だけが記され、それぞれの神がどのようなことをしたのかまでは詳しく書かれていません。

しかし、序には「参神《みはしらのかみ》造化《あめ》の首《はじめ》と作《な》り」と記されていたので、天御中主神、高皇産霊神、神皇産霊神の三柱《みはしら》の神が造化、すなわち、天地創造の神であることがわかります。

さらに、その「首《はじめ》」だということで、このあとにも造化に関わる神が登場することが読み取れます。

と、ここまで読んで、「すわ！暗号か」とセンサーが働いた箇所があったのではないでしょうか。

たとえば、最初の行の「高天原」です。その読み方が、原文と現代語訳ではたった一文字ですが違っています。原文のほうは「たかあまのはら」、現代語訳は「たかまのはら」と読んでいます。

「いったい、どちらが正しいのか。どちらも、これまでよく聞いたことがある〝たかまがはら〟ともまた違うし…」と悩みそうになったか、あるいはもう悩んでしまったかもしれませんね。

かつて、本居宣長もまったく同じことで悩みました。「高天原」の読み方があまりにもたくさんあって、どれが本当なのかと、まずはそこから格闘したようです。

では、私はなんと読み、どう発音するのか。

「高天原」は「たかあまはら」と言います。

濁らない。そこを押さえておけば、今はいいでしょう。

少し細かいことに言及しました。

暗号に気をとられるあまり、こうした細かいことに敏感になり、ひっかかると先に進めませんからね。

そこで、こうしたことに対処する方針を確認しておこうと思います。

結論から言います。そんなことはどうでもいい、とは言いません。でも、しばらく～この本を読み終えるぐらいの間～は、そうした細かいことはあまり気にせずとも大丈夫です。

なぜ、そんなことを提案するかというと、この本では、これまでとはまったく違う『古事記』の世界に、皆さんをお誘いし、楽しんでもらいたいからです。なぜって、それはもう『古事記』がおもしろいからに決まっています。

『古事記』に関して、読みや表記にズレがあるということは確かです。

『古事記』と『帝皇日嗣』のズレや違いなどに、どう対処するかという基本的な方針も決まりました。

もう一つ大事なことに触れておきます。

今度はズレがないものについてです。

『古事記』と『帝皇日嗣』のあいだで一分のズレもなく、ピタリと一致しているものがあります。

それは、その神が第何代かという数字、言うなれば「代数」です。これに関しては見事に一致しているのです。

『神道事典《しんとうじてん》』（國學院大學日本文化研究所編、弘文堂）という書物があります。

事典の巻末に「記紀神名対照表」なるものが付録として載せられてい

ます。

「記紀神名対照表」の上段に、『古事記』に登場する神名が記され、その神名に算用数字で番号がつけられています。凡例ではこの番号について「神名には通し番号を付した」と説明するだけです。それはあたかも、事務的な整理番号を機械的に付けたかのような印象を与える、実に素っ気ない言い方です。

ところが、この番号が『帝皇日嗣』が伝える代数とまったく同じものなのです。代数がこれほどの一致をみるなどということは、不思議を通り越して異常です。

もうこれは『神道事典』を作ったメンバーの中に竹内家の人間がいて、『帝皇日嗣』を使って作成したとしか考えられません。

ですから、『神道事典』に記されている代数を示す数字は『帝皇日嗣』のものだという理解をしておいてください。

このように、ことさら暗号というほどのものでなくても、内緒がいっぱいあるのです。

あれこれ言いました。『古事記』に戻ります。

『古事記』の最初に登場する三柱の神について、もう少し詳しく話しておきましょう。現れた順番にみていきます。

先述したように、帝皇日嗣初代の天御中主神は宇宙神です。

天御中主神が宇宙そのものであり、宇宙の運行を司る神なのです。

無の神から、神皇七代が出現し、そのあと、すべての運行を司る神として、天御中主神が登場します。

ここからようやく宇宙に入るのです。

宇宙のはじめです。

時間はまだなく、相変わらず年歴無数です。

続いて現れた高皇産霊神（帝皇日嗣二代）と神皇産霊神（帝皇日嗣三代）が、実際に宇宙を創りまくります。現代語訳のほうは、そうした二柱の神の役割を織り込んだ文になっています。

## 「結ぶ」ということ

二柱《ふたはしら》の神それぞれに、もっと迫ってみましょう。

細かいことは気にしなくても大丈夫と言ったばかりなのですが、気になる人のために、ちょっとだけ触れておきます。

高皇産霊神の読み方は「タカミムスビノカミ」「タカミムスヒノカミ」の両方があります。

神皇産霊神にもやはり「カミムスビノカミ」「カミムスヒノカミ」の二通りの読み方があります。

清音と濁音の違いは、聖なるものと俗なるものの違いと言えます。

さて、二柱の神です。

高皇産霊神は宇宙創成のどのような部分に関係があるのでしょうか。ヒントは神名の中に用意されています。

「ムスビ」です。

そう、結ぶのです。ぎゅっと、ぎゅっと、ぎゅっと結ぶ。

宇宙をぎゅっと結んで凝縮しました。広がる前の凝縮です。

結びとは凝縮することです。結びというのはとても重要です。結んだところが凝縮され、そこに力が生じます。

力が生じたところに神が生じるのです。ですから、高皇産霊神もムスビの部分が「産霊」と書かれるわけです。

「タカミムスビノカミ」と初めて聞いたときに、なんだか身近に感じ、その名から「おむすび」を連想しませんでしたか。確かに、おむすびもぎゅっと凝縮して作りますよね。

おむすびも実は神事です。

おむすびを作るには米と水と塩が必要です。

米、水、塩は神棚のお供えにも欠かせません。

「米」という字を分解すると「八十八」になります。神の恵みのもとで八十八の、つまり、多くの手間がかけられ、米が作られるのです。そこに今度は人の手が加わります。人の手で心を込めてぎゅっと結ぶ。結んだところに神が生じます。

おむすびは、まさに「ムスビ」なのです。

おむすびをめぐる話をもう少ししておきます。

この「おむすび」という言い方が場所によって、多少違いがあります。近畿地方ではもっぱら「おむすび」ですが、関東圏では「おにぎり」と言うほうが多いかと思います。この言い方の違いは古代からすでにあったようです。

結論から言うと、大和族が「おむすび」という言い方で、出雲族が「おにぎり」という言い方なのです。なぜなら、出雲族には饒速日命《ニギハヤヒノミコト》という神がおられるからです。「ニギハヤヒ」の「ニギ」なのです。

『古事記』を読み進め、歴史を紐解いていくうちに、いろいろなことを発見するでしょう。

その中には、現在、私たちが使っている言葉や表現のルーツが古代のできごとにつながっているということを実感することもあると思います。

私たちは現在の日本語を通して、過去とのつながりを見つけることが可能です。そして、それは今日の世界においても、かなり恵まれていることだと言えるでしょう。

宇宙創成の話が、いきなり、おむすびという日常の世界にそれこそ「結び」つきました。

知れば知るほど『古事記』の描く世界は今の私たちに、今の私たちは『古事記』につながっています。

## 『古事記』と科学

大事な寄り道も今はここまでにして、また宇宙創成のころの話に戻りましょう。

三番目に、帝皇日嗣三代の神皇産霊神が現れました。

この神はカミムスヒノカミ、すなわち神を結ぶというその名前からもわかるように、神を生み出す神です。

この神が登場した頃、宇宙ではビッグバン（宇宙の始まりとされる大きな爆発。ビッグバン理論という考えがある）が起こりました。

約二百億年前のことです。

ここからようやく年歴無数ではなくなり、今の時間の流れに入っていきます。

そのあと宇宙がどうなったかという話に進む前に、これまた重要な寄り道に、少々お付き合いください。

『古事記』や『帝皇日嗣』が伝えてきたことが、現在の宇宙科学で考えられていることと無関係ではないという話を、エピソードとともにご紹介します。

ある日、都内の、とある小さなバーで私が飲んでいたときのことです。上品な紳士と隣り合わせになりました。なにしろそのバーは六畳あるかないかの狭いところなので、ごく自然にその人と話し始めました。

統計をとっているわけではないので、正確な確率はもちろんわかりません。でも、私の場合、飲み屋で重要人物と隣合わせになる確率が異常に高いような気がしています。よくそういうことが起こります。

その人の話は宇宙科学とでもいうようなもので、とても興味深いものでした。

私は宇宙科学そのものに深い関心をもっているわけではありません。しかし、話を聞けば聞くほど、不思議な感じがしたのです。

初めて聞く宇宙科学の話なのに、初めて聞いた感じがしないのです。まさに、デジャブ。この話、知っていると思いました。

そう、それはうちの口伝で聞いていた話、「正統竹内文書」にある話と同じだったのです。

あとで調べてわかったのですが、話をしてくれたその人は宇宙科学分野の超がつく有名な先生で、なんでも、その人の宇宙理論はビッグバン理論を越えるものなのだそうです。その宇宙理論での、ノーベル賞受賞はまだだそうですが、受賞ももうすぐかと言われるほどの理論なのだとか。バーで話を聞いていた私は、その時そんなことを知る由もありません。

その人の説明を私なりに理解したことで話すと、こういうことです。まず、宇宙がどのように始まったかということについて、考え方が変わってきているのだそうです。

さっき、神皇産霊神が現れたころビッグバンが起こったという話をしましたね。読者の皆さんも、ビッグバンという言葉や、宇宙がビッグバンという大爆発で生まれたという説があることは、何となく耳にしたことがあると思います。

でも、それなら、ビッグバンの前はどうだったのだろうと、不思議に思ったことはありませんでしたか？

私は、宇宙創成よりもさらにその前があったと、自然に理解していました。ビッグバンはビッグバンでいいけれど、その前がある、と思っていたのです。なぜなら、『古事記』がそのように語っているからです。

私が話した宇宙理論の先生によると、実は、今の最先端の物理学でもビッグバンを超える理論が考えられていて、宇宙は無から生まれたという説を支持する人が増えてきたというのです。それは、インフレーション理論という宇宙科学の先端理論であり、さらにそのインフレーション理論はひも理論（超弦《ちょうげん》理論とも呼ばれる）というものに関連しているというのです。

恐らく読者の皆さんの多くもそうだと思いますが、私が学校で受けた理科や物理の授業では、あらゆる物質を細かく細かく細かく、極限まで分けていくと、その最小単位は素粒子という「粒」であると教わりました。すべての物質は粒でできている、というわけですね。

ところが、ひも理論というのは、実はすべての物質を作っているのは粒ではなくて、極限まで細いひもだと考えたほうが、様々な物理現象が上手く説明できる、というものだそうです。極小のひもが閉じて輪になったり、輪が開いて一本に伸びたり、揺らいだりする。

「無」と呼ばれる状態は何も無い状態に見えるけれど、本当に何もないのではなく、まったく眼には見えない、気が遠くなるくらい小さな小さなひもが揺らいでいる状態があって、そこからビッグバンにつながったというのです。

私はこの話を聞いて、すぐに注連縄《しめなわ》を連想しました。ひも理論とか超弦理論と呼ぶよりも、注連縄理論と呼んだらいいのではないでしょうか。

先生の話によれば、宇宙創成から約一三七億年経ったとされる今も、宇宙はまだ膨張し続けているのだそうです。

そして、なにより、実際に行われている宇宙の観測によって、その人の理論が実証されつつあるということでした。理論が理論のまま終わっているのではないのです。

私は科学の専門家ではありませんから、もっと詳しく知りたい方はぜひ、『図解雑学　宇宙１３７億年の謎』（二間瀬敏史、ナツメ社）と、『宇宙１３７億年の歴史　佐藤勝彦　最終講義』（佐藤勝彦、角川選書）を読んでみてください。

『帝皇日嗣』は伝えています。

「無の神」が存在し、そこから宇宙が創成されていったということを。

そして、それはビッグバンが起こるよりも前のことだったということを。

今、それが科学的に証明されようとしているのです。宇宙科学の今の研究では、宇宙創成を約一三七億年前としています。これはあくまでも今の科学で到達できるのがそこまでということであって、『帝皇日嗣』の口伝は約二百億年前としています。あまりにも長い時間のことですから、どれだけ誤差があるかはわかりませんが。

一三七億年なのか、二百億年なのか、いずれにしてもはるかはるか昔の宇宙創成のその時を、人は誰も見ているはずはないのに、『帝皇日嗣』はそれを伝え続けてきました。

いったいどうやって？　それもおいおい語っていきましょう。


さて、『古事記』はこうした宇宙という壮大な世界との関連があるかと思えば、もう片方では、人体という文字通り身近な世界にも関連するのではというようなことがあり、どちらにも「偶然は神」を感じます。

人体の世界でのことは、たとえば、注連縄《しめなわ》とＤＮＡ（デオキシリボ核酸・生物の遺伝情報を伝える物質）です。両者は実によく似た形をして

出雲大社《いずもおおやしろ》の注連縄

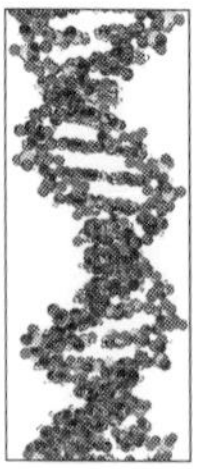

ＤＮＡの螺旋構造

います。

ＤＮＡのあの二重螺旋《らせん》構造は、今ではよく知られるようになりました。しかし、それが発見されたのは二十世紀も半ばを過ぎてからのことです。その発見は、一九六二年にノーベル生理学・医学賞が贈られるほどのものだったのです。

注連縄がいつから、あのような形に作られるようになったのかはわかりません。しかし、ＤＮＡが発見されるはるか前だということだけは確かです。ちなみに、注連縄も綯《な》うときに、相当な力で凝縮されています。大きなことから小さなことまで、まるで科学のほうが『古事記』の世界を追いかけているかのようです。

最新の科学がようやく『古事記』に追いついてきた感じがします。科学はこれからも『古事記』を証明していくでしょう。

最初に『古事記』ありき、です。

それを信用しているのが、古神道の人間なのです。

## ビッグバン後の神々

ひも理論の話はほんの序の口にすぎません。科学が明らかにしつつある宇宙創成のプロセスと、『古事記』および『帝皇日嗣』が示す世界の始まりは、ビッグバンの後でも恐ろしいほど一致します。

『帝皇日嗣』によれば、約二百億年前、神皇産霊神（帝皇日嗣三代）のころにビッグバンがありました。まず高皇産霊神のときに、ぎゅっと、ぎゅっと、ぎゅっと「結んで」、爆発の前の凝縮がある。そして神皇産霊神のころに爆発的に宇宙が創成されていく。そうして、動力の神、物質の神などが次々に出現しました。

再び、『古事記』の本文を引いてみましょう。

> 次に国稚《わか》く、浮《う》ける脂《あぶら》の如《ごと》くしてくらげなすただよへる時に、葦牙《あしかび》の如く萌《も》え騰《あが》る物に因《よ》りて成りませる神の名は、宇摩志阿斯訶備比《うましあしかびひ》古遅神《こぢのかみ》。次に天之常立神《あめのとこたちのかみ》。此《こ》の二柱《ふたはしら》の神も、みな独神《ひとりがみ》と成り坐《ま》して、身を隠したまふ。

上《かみ》の件《くだり》、五柱《いつはしら》の神は別天《ことあま》つ神《かみ》。

その後に、天と地とのけじめのつかぬ、形らしい形もないこの地上は、水に脂《あぶら》を浮かべたように漂うばかりで、あたかも海月《くらげ》が水中を流れ流れてゆくように頼りのないものであったが、そこに水辺の葦《あし》が春さきにいっせいに芽ぶいてくるように、萌《も》え上がってゆくものがあった。この葦《あし》の芽のように天に萌《も》え上がったものから、二柱《ふたはしら》の神が生まれた。初めは、宇麻志阿斯訶備比古遅神《ウマシアシカビヒコヂノカミ》、うるわしい葦《あし》の芽の天を指し登る勢いを示す男性神。次は天之常立神《アメノトコタチノカミ》で、永遠無《む》窮《きゅう》の天そのものを神格化した神である。この二柱《ふたはしら》の神も配偶のない単独の神で、姿を見せることがなかった。

以上にあげた五柱《いつはしら》の神は、地上に成った神とは別であって、これらは天神《あまつかみ》である。

『古事記』では、先に登場した三柱の神に続いて、二柱の神が登場します。合わせて五柱の神は、地上に成る神とは別の、天神《あまつかみ》、「別天神《ことあまつかみ》」

であると記されます。

『帝皇日嗣』では、『古事記』に記される二柱の神よりもさらに多くの神が登場します。

『帝皇日嗣』の神も含めて、登場する順番に見ていきましょう。

ここで登場した宇摩志阿斯訶備比古遅神《ウマシアシカビヒコチノカミ》は『帝皇日嗣』にも出てきます。帝皇日嗣四代です。

この神の名に関しては『古事記』と『帝皇日嗣』にズレはありません。

それにしても、なんと長い名前なのでしょう。一柱の神の名にしては長すぎる感じがします。

名前を見ると、ここには少なくとも四柱の神がいると考えられます。すなわち、ウマシ、アシカビ、ヒコ、チの四柱です。名前は「～ヒコ」で終わるはずなのに、さらに「チ」が付いているので四柱と考えられます。

この神の名前は一応、口伝で伝わっています。口伝がどのようになされるのか。口伝を聞いただけで正確に覚えることができるのかという疑問が当然あるでしょう。

正直に白状します、私はこの神の名をメモしました。名前が長いということもあって、密かにメモをとりました。

本当は、口伝されたことをメモしてはいけないことになっています。口伝は秘密です。

外に漏れる恐れがあるようなことをするのは御法度《ごはっと》です。たとえ端書き程度のものでも、書いて残せば、いつか必ず外に漏れてしまうからです。

しかし、その禁を犯してまでも、口伝伝承が終わったあと、近くの喫茶店にダッシュして、そこで密かにメモをしていました。あのころ、ペン型のボイスレコーダーがあればどんなによかったか。

口伝は、文字で書くことのできるものばかりではありません。祝詞になっているものもあります。音楽もあります。

ただ、私の場合は暗記するのも苦ではありませんでした。なにしろ、小学校一年生のときに歴代天皇の名前を全部言えるようになっていましたから。

それは、毎日湯船に浸かるとき、数を数える代わりに歴代天皇の名前を唱えていたからです。ただし、お風呂で数えるのは九九代後亀山《ゴカメヤマ》天皇まででしたが。

私のことを「人間アカシックレコード」だと言う人もいます。

アカシックレコードとは、ドイツの教育者として有名なルドルフ・シュタイナーが作った言葉で、宇宙創成のその初めから起きてきたあらゆる出来事の記憶を意味します。

最新宇宙科学によれば一三七億年前、『帝皇日嗣』によれば二百億年前の宇宙創成のときのことを、人は誰も見ているはずがないのに、『古事記』にはそれが暗号として書かれているという話をさっきしましたね。

宇宙創成のとき、当然、人間はまだ存在していません。しかし、神はいました。宇宙創成以来の出来事はすべて、神の記憶の中にあります。帝皇日嗣零代の皇祖元主元無極主大御神のあと、意識の神もおられるのですから、この宇宙には意識があるわけです。そもそも宇宙には神が宿っておられるのですから当然のことです。そして神の意識の中に、あらゆることが記憶されています。

人をその人たらしめるアイデンティティを構成するものは何なのかと考えると、突き詰めれば、生まれたとき以来積み重なったその人のすべての記憶です。

ある日突然、すべての記憶を失ったら自分は自分と言えるのか、想像してみればわかりますよね。記憶というものは、根源的であり、本質的なものです。

宇宙創成以来存在する神々の中には、あらゆる出来事の記憶がありま す。そして、古神道の神主は、意識をつなげることができます。神を降ろすということ、神と意識をつなげるということ、それが神主の役割だからです。

私は古い人間ですので、アカシックレコードと言うよりは、「人間フロッピーディスク」と言ったほうがしっくりくる気がします。

私がシュタイナー言うところのアカシックレコーダーかどうかはわかりません。

しかし、シュタイナーの著作を読んだとき、シュタイナーの考えは実に古神道に近いと感じました。輪廻転生《りんねてんしょう》を認めているというところも古神道と似ています。

「輪廻転生なら仏教だろう」と思われましたか？　竹内神道はあらゆる宗教が古神道であるという歴史観を持っています。ユダヤ教も、イスラム教も、キリスト教も、そして仏教もです。私のことを極右と言う人もいますが、私は極右ではありません。極々々右です。皇国史観《こうこくしかん》ではなく、ウルトラ皇国史観、ウルトラ日本史観です。

さて、壮大な宇宙の話に戻りましょう。

時間の神が現れたあとは年暦無数ではなくなり、どんどん時間が経ちました。

約百億年前くらいまでの時間が経ったとき、天常立神《アマノトコタチノカミ》が現れました。帝皇日嗣五代です。

今私たちが見ている宇宙ができたのだと思います。もっとも、その時代を生きていたわけではないので正確なところはわかりませんが。

『帝皇日嗣』のほうではこのあと六柱《むはしら》の神が次々と現れます。

この六柱の神は帝皇日嗣何代とは数えられていません。秘密だからです。『先代旧事本紀《せんだいくじほんき》』という別の本には出てきますが、『古事記』には載せていません。宇宙論の秘密の部分だから、『古事記』には入れなかったのです。

その六柱の神々のときに、宇宙がいろいろに形作られていきます。ビッグバンで膨張した宇宙が本格的に広がるなか、天八下神《アマノヤクダリノカミ》が現れます。このとき、いわゆる大宇宙と言われるものができたのだと思います。

大宇宙と呼ばれるものは、なにもたった一つではなく、無限に存在するとさえ言われています。

大宇宙がたくさんできました。

さらに、天三下神《アマノミクダリノカミ》が現れたときには、たくさんある大宇宙が三つずつぐらいに分かれたのでしょう。

大宇宙から分かれた一つ一つが小宇宙です。

小宇宙の誕生です。銀河系と呼ばれるものも、おそらくこのときにできたと思います。

続いて、天合神《アマノアワセノカミ》が現れます。

この神のときの口伝が、何かくっついたり消えたりを繰り返すというものです。多分、それは宇宙の合体と消滅のことを伝えているのだと思います。

そして、さらに時間が経って、約五十億年前です。天八百日神《アマノヤオヒノカミ》が現れました。

このとき、太陽系にあたる宇宙ができました。太陽系という表現は、太陽の重力が影響する範囲に暮らす私たちがそう呼ぶにすぎません。

次は天八十万魂神《アマノヤソヨロズノミタマノカミ》が登場します。

太陽系ができたあと、意識体が創成されたと思われます。

さっきも言ったように、宇宙にはすでに意識の神がいるのですが、ここでおびただしい数の意識ができたわけです。これもまた、神名にも表されています。「魂」が意識を表現しています。

創成された意識体は育成されていきます。それが天八百万魂神《アマノヤオヨロズノミタマノカミ》のときです。

一代前の天八十万魂神から天八百万魂神まで、「魂」が八十万から八百万ですから育成が進んだことがわかります。

意識体は物質を越えるものです。

ですから、物質に制約されることなく宇宙を飛べます。

意識体は物質そのものである肉体とは違うレベルのものなので、意識体は自由に飛ぶことが可能なのです。

神名にある八百万魂は、すなわち、多くの意識体です。

あまたの意識体が宇宙を飛び交い、互いにどこかで遭うことになります。数々の星々が生まれたというのはこうした状況のことです。

それこそ無数と思われる星々が飛び交い、出会い、そうして、あるまとまりをみせるようになっていきます。それが星団です。

そうして生まれた星団の一つがすばるです。すばるは和名です。プレアデス星団とも呼ばれます。

「すばる」という呼び方のなかに、星団という星のありかたがすでに表現されています。

「すばる」という語は、現在では星団の名前、車の会社名、曲名など、いずれにしても名詞として意識されることが多くなっています。

しかし、元々は「統《す》ばる」という動詞です。草木がしげる、米がみのる、などの動詞がそのまま、「しげる」「みのる」と人名になっているのと同じことです。「統《す》ばる」は多くのものが集まってひとまとまりになる、という意味です。

すばるはその名が表すとおり、いくつかの星がひとまとまりになっています。条件が揃えば、そこに集まっている星の五個から七個ぐらいまでは肉眼でも確認できるそうです。すばるが別名「六連星《むつらぼし》」と呼ばれるのは、そうしたことによるものなのでしょう。

すばるはどの場所からもよく見えたようです。すばるを表すいろいろな言葉が広く分布していることが、それを物語っています。古くは「須波流」とも記されていたようです。「すまる」という呼び方もありました。

『古事記』よりだいぶ時代が下った平安時代（十世紀終わり頃）、清少納言が『枕草子』に「星はすばる。ひこぼし。ゆふづつ。よばひ星、すこしをかし。尾だになからましかば、まいて。」（二三六段）と書きつけているのも、いとをかし、ですね。

『古事記』が記す天神以外にも神々がいて、その神々のもとで、宇宙がどのように形成されていったかをざっくりと記しました。

宇宙には宇宙の歴史があります。

もちろん、私たちと無縁の世界ではありません。

これから先も宇宙史はどんどん、詳細が書き加えられ、書き換えられていくでしょう。天体観測の機器類の進化、技術の向上などがそれを加速するはずです。

考古学による発見が歴史を裏付けるように、宇宙科学や天文学における今後の発見が『古事記』『帝皇日嗣』の世界を裏付けてくれることを楽しみと致しましょう。

# 第二章　地球創成の神々と地球の形成

『古事記』が宇宙創成の物語を描いたのは、宇宙科学がそれを説明し、証明するよりもはるか前のことです。

『古事記』は宇宙が〝無〟から始まったことを記し、何もかもがそこにつながっていることを教えてくれています。

と同時に、我々の先祖がそのすべてを神の名のもとに認識していたことが語られています。

宇宙創成と形成にまつわる記憶を神と名づけ、物語に託したので「神話」と呼ばれるのかもしれません。

しかし、『古事記』の世界も、科学の世界も、何かを発見し命名し、伝えるという点においてはまったく同じことをしているだけなのです。違っているのは、言葉の使い方や伝え方だけです。「宇宙」とネーミングする代わりに「天御中主神《アマノミナカヌシノカミ》」と呼んだだけなのですから。

私たちの先祖は、ありとあらゆるものに神を見てきました。

万物に神が宿る。それは、まさに古神道の世界です。古神道では森羅万象が神なのです。

## 地球の誕生

第一章では宇宙が無から始まり、意識体が育成されるまでを見ました。いよいよ、地球誕生のときです。

地球がどのようにでき、形作られていったかをさらに詳しく見ていきましょう。

地球が誕生したのは約四十五億年前のことです。幸い、これは科学がすでに証明してくれています。

そのとき、現れたのは、帝皇日嗣六代の国常立神《クニノトコタチノカミ》です。

国常立神は地球そのもの、地球神です。

私たちはその神（地球）を、来る日も来る日も、踏みつけて生きています。

国常立神は明らかに意識を持っています。毎日踏みつけられて怒らないのでしょうか。そりゃ、怒るときもあります。

普段は穏やかで優しい神ですが、怒りを露《あら》わにするときがあります。いわゆる天変地異です。いろいろな表情を見せる神です。

誕生したてのころの地球は灼熱の星でした。

マグマの海と言われるところに、隕石が次々と衝突し、どんどん熱くなっていったのです。

熱しに熱せられた地球を取り巻く状況にも変化が起こり始めます。今度は一転して温度が低下し、雨が続いたのです。降り続く雨によって、地表が固められていきました。

地球に雨をもたらしたのが、帝皇日嗣七代・豊雲野神《トヨクモヌノカミ》です。豊雲野神は大気の神であり、雲の神です。また、雲の神であり、雨の神でもあります。雲ができて、雨が降る、これは自然の摂理です。

「甘露《かんろ》の法雨《ほうう》」という言葉があります。お釈迦様が生まれた時に降ったという、清らかで染みわたるような雨を意味する表現です。

地表を固めることになった、このときの雨は地球にとって、まさに甘露の法雨のような、恵みの雨でした。

水がなければ生物は存在できません。古代ギリシアの哲学者タレスは「万物の根源は水である」と喝破《かっぱ》しています。

水滴に意識があれば、人間は水から生まれたのに違いありません。

人類が出現したのも水があったからこそです。

そんな水が、地球に存在すること自体が奇跡の連続の結果だと言われています。

現代科学が、〝万物の根源〟とまで言われる水ができる条件を突き詰めて得られたのは、そうした結論でした。

雨が五億年くらい降り続き、約四十億年前に「原始の海」と呼ばれるものが出現しました。海ができたことが、生命の誕生へとつながっていきます。

『古事記』の神の登場にも変化が起きます。

ここまで『古事記』に登場してきた天御中主神から豊雲野神までは、みな「独神《ひとりがみ》」でしたが、ここからは男性神と女性神が一対になって登場します。

生命の誕生を予感させる神々が『古事記』に記されていきます。

最初の男性神、女性神として登場したのは、帝皇日嗣八代・宇比地邇《ウイチニノ》神《カミ》とその皇后である、帝皇日嗣九代・須比地邇神《スイチニノカミ》です。

この二柱《ふたはしら》の神は共立する最初の神です。

日本は神代からすでに男女同格です。差別をしていません。

宇比地邇神と須比地邇神が、それぞれ、帝皇日嗣八代、九代と並んで数えられ、帝皇と皇后が同格として扱われていることがわかります。

宇比地邇神と須比地邇神を主祭神としてお祀りする神社に、宇由比《うゆひ》神社（島根県松江市）があります。

そのほかでは、宇比地邇神は、熊野速玉大社《くまのはやたまたいしゃ》（和歌山県新宮市）の下四社・第十殿勧請宮に泥土煮尊《ウイヂニノミコト》という名で祀られ、須比地邇神は、沙田神社《いさごだじんじゃ》（長野県松本市）の御祭神のうちの一柱で、沙土煮尊《スイヂニノミコト》として祀られているそうです。

このように、宇比地邇神、須比地邇神が別々に祀られることがあるということも、男性神と女性神が同格であるということをはっきりと示しています。

## 生物の誕生

宇比地邇神と須比地邇神が登場してから、物体としての生物が誕生しました。

次に登場したのが、帝皇日嗣十代・角材神《ツヌグイノカミ》と、その皇后である、帝

熊野速玉大社（毎日新聞社）

皇日嗣十一代・活材神《イクグイノカミ》です。

この二柱の神もまた共立する神です。

そして、女性神の活材神も、やはり帝皇日嗣の代数に数えられています。

そのころのことを、科学は以下のように記述します。

約三十五億年前には嫌気性《けんきせい》細菌、すなわち酸素がなくても生息できる生物が発生したと考えられ、その後、生物は多様な進化をみせます。

約二十五億年前に原核生物《げんかくせいぶつ》（細胞内に、遺伝子ＤＮＡを格納する核を持たない生物のこと。細菌類、藍藻《らんそう》～水槽内につく緑のコケのようなもの～類などが該当する）が登場し、植物ができていたと考えられています。

この藍藻類が光合成を行い、地球に酸素をもたらすことになりました。

約十五億年前には真核生物《しんかくせいぶつ》（細胞内に核を持っている生物。細菌類、藍藻類以外が該当する）が発生し、さらに植物と動物に分化したとされます。

この時点で植物と動物に分化したということは、すなわち、それまでは生物に植物と動物の区別がなく、同じ生物だったということを意味します。

ときとして、菜食主義者と称する人たちが、動物由来のものだけが命だとして、「命を奪うな」などと、居丈高《いたけだか》に叫ぶことがあります。自分は菜食主義者だから、命を奪ってはいないと考え、自分だけは善であるというような態度をとるのです。

しかし、菜食であるがゆえに、命を奪っていないなどと思うことは浅薄であり、偽善です。

植物にも意識があります。

キャベツを刻むと「痛い」と声を上げているそうです。そういう研究報告があります。

さらに言うと、性格まであります。よく庭木を植えるときに、相性の善し悪しが言われるのはそのためです。

植物だろうが、動物だろうが、他の命をいただくことに変わりはありません。また、それは動植物に限ったことでもありません。

古神道では水も、命そのものなのです。

私たちはすべてのものから命をもらっているのです。ですから、すべてに感謝して「天地《あめつち》の恵み、箸を高く捧げ、いただきます」ということになるわけです。

食事の前に言う「いただきます」という言葉は日本語に独特だとか、日本文化を反映しているとか、さまざまな角度から褒《ほ》められることが多いのですが、実は省略語です。

たとえるなら「あけましておめでとうございます」と言うところを「アケオメ」と言っているのにかなり近いものがあります。

せめて、「天地《あめつち》の恵み、いただきます」くらいは言ってほしいものだなあと思ってしまいます。

生物ができ、進化し、そして植物、動物に分かれたところまでくると、私たちが今見ている世界にずいぶんと近づいてきた感じがします。

これ以降の展開は、よりリアルに感じられることでしょう。

それでもまだ、約六億年前のことです。

帝皇日嗣十二代・大戸能地神《オオトノヂノカミ》とその皇后、帝皇日嗣十三代・大戸能辺《オオトノベノ》神《カミ》が登場します。

さあ、いよいよ、海で育まれていた生物が陸上に進出していきます。それを可能にしたのは大量の酸素でした。

酸素革命と呼ぶのにふさわしい、劇的な変化です。

地球ができた当初、地球には酸素がありませんでした。藍藻類が始めた光合成によって、酸素が作り出されるようになりました。

しかし、その酸素も最初はごく僅かな量でした。

だんだん、作り出される酸素が増え、生物の進化に影響を与えていきます。

もし、大量の酸素がなければ人類もいなかったかもしれません。

酸素が増え、「革命」と言うほどの大転換が起きたのは約五億八千万年前のことです。

考古学ではその時代を「先《せん》カンブリア時代」と名づけました。

耳にしたことがある名前の時代に入っていきます。そのときどきにどんなことが起きたのか、少し小刻みに見ていくことにしましょう。

五億七千万年前、カンブリア紀には三葉虫《さんようちゅう》が登場しました。三葉虫の名前は聞いたことがあり、写真などでも見たことがあるかと思います。日本国内で結構、あちこちの博物館が三葉虫の化石を展示しているようです。

五億年前はオルドビス紀と言われ、魚類が発生しています。

魚類の台頭が三葉虫の衰退、絶滅に関係するのではないかという説があるようです。

四億五千万年前は、シルル紀です。この時代に出てきたカブトガニは今現在も存在します。

カブトガニの姿は出現した当初から、ほとんど変わっていないそうです。カブトガニが「生きた化石」と言われるゆえんです。

四億年前、デボン紀と呼ばれるころに、両生類が発生しています。

三億五千万年前、石炭紀には蛇やトカゲなどの爬虫類が出てきました。

三億年前、二畳紀《にじょうき》には、これまた「生きた化石」と言われる、ゴキブリが登場しています。

ゴキブリは日常的に遭遇《そうぐう》してしまうほど生息数が多く、タフで、人類が滅んでも生き残ると言われるほどです。

カブトガニ

確かに、人類よりも先に登場し現在まで生き抜いてきました。人類の祖先はゴキブリだった可能性があるくらいです。どこにでもいますものね。でも、寒いところはだめなようです。

二億五千年前は三畳《さんじょう》紀《き》と呼ばれ、シーラカンスやサンショウウオが出現しました。ゴキブリよりもあとの登場です。

二億年前はジュラ紀です。私たちのよく知っている恐竜がようやく出てきます。ステゴサウルス、アロサウルス、プラキオサウルスなどです。

一億二千年前の白亜《はくあ》紀《き》にはティラノサウルス、トリケラトプスなどが登場します。ちなみに、現在、日本で見つかっている恐竜の多くはこの白亜紀のものです。日本でフタバスズキリュウというのが見つかっているのですが、実は恐竜ではなくて、水《すい》棲《せい》爬《は》虫《ちゅう》類《るい》なのだとか。見た目はいかにも恐竜なのに惜しいです。

次々と出てきた恐竜ですが、一億年前に絶滅してしまったと教わったものです。登場してから活躍した時間は意外と短いものだとそのとき思ったのを思い出します。

恐竜絶滅の原因は諸説あるようで、よく言われるのは巨大隕石落下説

シーラカンス

イグアノドンとドロマエオサウルス

です。なかには、文明がすでにその時期存在し、核戦争があったことが原因だとする説まであるようです。

ここで注目しておきたいのは、地軸の傾きとの関係です。

地軸とは地球の自転の中心になっていると考えられている軸のことです。地軸は真っ直ぐではなく傾いているということはよく知られるところです。

また、この地軸の傾きが少し変わるだけで地震や台風がそれまでと比べて増えたり、気候の変化が観測されたりするということが取りざたされています。

この地軸の傾きの変化が、恐竜の絶滅の原因ではないかと考えるのは私だけでしょうか。

昨今、よく話題にのぼる地球温暖化も、なにも人間のせいだけというのではなく、この地軸の傾きの変化にも原因があると考えています。

地軸の傾きも、実は宇宙の神と関係があるということは、このあと、第三章で改めて、詳しく触れます。

どんな原因であろうが、とにかく恐竜は絶滅したと世間一般では考え

フタバスズキリュウ

られているようです。しかし、二十一世紀の今もまだ、恐竜絶滅の謎は解明されていません。

絶滅したと思われていても、海には恐竜の生き残りかと思われるような生物が実際に存在します。

日本では、そうしたことをヒントに一応架空の話としてですが、映画が作られたりします。ゴジラはそんな生物が、水爆実験でケロイド状になった怪獣という設定です。

絶滅したと思われていたシーラカンスだって、どっこい生きていたわけですから、もしかすると恐竜もまだどこかで生きているかも、と思ってしまうのはしかたがないことでしょう。

そう思っていたところ、「恐竜は絶滅していない」ということを熱く語る本に出会って驚きました。

恐竜学という分野の研究が、最近になって一気に研究が進み、なんと、恐竜は絶滅していたのではないらしいというのです。

そして、わかってきたこととして、恐竜はトカゲのようなイメージではなく、鳥のように羽毛が生えていたのではないかと言われています。

鳥類学者の川上《かわかみ》和人《かずと》氏は著書『鳥類学者　無謀にも恐竜を語る』（技術評論社）で

> ここ10年ほどの恐竜学の進展はめざましい。そのなかで特に注目されるのは、羽毛恐竜の頻々たる発見と、それにともなう鳥類と恐竜の類縁関係の再考だ。もはや鳥類が恐竜なのか、恐竜が鳥類なのか、渾然一体とわからなくなってきているほど彼らの関係は親密である。現代社会において、鳥類が恐竜から進化してきたことを疑うことは容易ではない。というか、疑ってもらっては困る。なぜならば、この本は鳥類が恐竜から進化してきたことを大前提に書いているからだ。

ときっぱり言っているくらいです。

鳥類と恐竜類は系統的につながりがあるのだそうです。詳しいことは川上氏の本を読んでいただくとしましょう。

恐竜から進化して鳥類になったと言うのであるならば、人間だって鳥類から進化したのかもしれません。

鳥類は人間の祖先だったかもしれないということです。そうした口伝えも多々あるのです。

鳥類が人間の祖先ならば、人間は空が飛べたはずです。

だから人間は空を飛びたいのだと思います。その昔、空を飛んでいた記憶がどこかに残っているから、飛ぶことに憧れるのではないでしょうか。

鳥でも、飛べなくなった鳥はたくさんいます。同じように、人間も飛べなくなってしまっただけのことではないかということです。

実際、今の人間を観察していてもいろいろなタイプがあるように見えます。この人は鳥の子孫だとか、この人は猿の子孫、この人はトカゲの子孫だとか、その人のご面相から先祖は何だったのだろうと想像してしまうことがありますよね。

皆が皆、猿の子孫だなんて、私も思っていませんし、口伝えでもそうはなっていないのです。

## 大陸移動と〝内八洲外八洲《うちやしまそとやしま》観〟

観察が好きなのは今に始まったことではありません。

小さい頃から地図を見るのが好きでした。

小学生のころ、教室の前に貼ってある世界地図をぼうっと飽かずに眺めていて、世界の大陸を動かして形を合わせていくと一つの大陸になる！とひらめいたのです。

子供の直感でした。

先ほどみた、約六億年前に大戸能地神と大戸能辺神が登場し、生物が陸上に進出したころ、地球はどんな状態だったのでしょうか。

その頃、世界は一つの大陸だったと考えられています。現在の理論ではパンゲア大陸と呼ばれるものです。

パンゲア大陸というのはドイツの地質学者であり、気象学者でもあるアルフレッド・L・ウェゲナーが大陸移動説を唱えるなかで使った概念です。

ウェゲナーが一九一二年、大陸移動説を世に発表しましたが、当時は顧《かえり》みられませんでした。

なぜなら、大陸の移動を可能にする原動力についての研究がまだ進んでいなかったためです。つまり、そのときはまだ、何が大陸を動かしたのかということがわかっていなかったのです。

ウェゲナーの発表から約半世紀後、一九六〇年代になって、大陸移動の原動力になったものの分野（たとえば、古地磁気学《こちじきがく》、マントルの対流など）の研究が進んだのに伴い、実際に大陸移動があったことが解明されていきました。

以来、ウェゲナーの大陸移動説は修正され、地球科学の分野に取り入れられているそうです。

そのときの人類の知見では解明できないことでも、少し時間が経てば明らかになることもたくさんあるわけです。

『古事記』には大陸が移動した記憶が、やはり神の名として書かれています。

帝皇日嗣十四代・於母陀流神《オモダルノカミ》と皇后の、帝皇日嗣十五代・阿夜訶志古泥神《アヤカシコネノカミ》の登場が、その記憶を伝えます。

古事記の表記では、二柱の神名それぞれに「流」、「泥」が入っています。

大陸のつながっていたところが、離れて流れていったという記憶から、そのような形で記録したのだと思います。ちなみに、『日本書紀』では、於母陀流神は面足尊《オモダルノミコト》と記され、「流」の字がありません。また、阿夜訶志古泥神も、惶根尊《カシコネノミコト》、吾屋《アヤ》惶根尊《カシコネノミコト》などいくつかの表記がありますが、どれ一つとして「泥」の字を含む名はありません。

見事に「流」「泥」を隠しています。

大陸が移動したという記憶は大事なことだったために、『日本書紀』のほうには書かなかったのでしょう。

世界地図を動かして組み合わせると、一つの大陸になるといいました。しかし、そこにはどうしても足りないところが三箇所生じます。あたかも、ジグソーパズルのピースが欠けたかのように、足りない、失われた部分が三つあるのです。

欠けている部分は、アトランティス大陸、ムー大陸、レムリア大陸と名づけられています。

それら三つの失われた大陸について詳しく話すのは、この本の趣旨とはかけ離れてしまうので、ここではその事実の指摘と、名前を挙げるのにとどめておきましょう。

『古事記』は大陸移動にまつわる記憶を、於母陀流神と阿夜訶志古泥神に込めました。

その大陸移動ということが、二十世紀半ばを過ぎてようやく、科学的な根拠をもって証明されるようになったのは先ほど見たとおりです。

正統竹内文書、すなわち、『帝皇日嗣』も大陸移動に関することを伝えています。単に伝えるだけでなく、大陸が移動したことを正確にとらえていることがわかります。

それが「内八洲外八洲観《うちやしまそとやしまかん》」と呼ばれる考えです。

「内八洲外八洲観」とは日本は世界の雛形《ひながた》であるという考えです。

これは、大陸移動のみならず、『古事記』の世界を理解する上でもポイントとなることなので、じっくりと説明します。

まずは具体的な例を通して、「内八洲外八州観」を知っていただきましょう。

図を見てください。二つの地形が記されています。

地図を目にしたとき、二つの地図が「似ている」と思いませんでしたか。

下の地形は日本列島です。

上の地形は、世界地図を形はそのままにして、移動させただけのものです。

これは「内八洲外八洲観」のいわば大枠を示しています。

つまり、地形はそのままにして、世界の大陸を移動させて縮小すれば、日本列島と同じ形になるということです。

さらに、世界の大陸が日本のどことよく似ているかを見てみると、ユーラシア大陸は本州と、北アメリカ大陸は北海道と、オーストラリア大陸は四国と、そして九州はアフリカ大陸と似ていること

世界の大陸と日本列島

がわかります。

姿形が似ているだけでなく、全体的な位置関係も一致しているのです。気候さえ似ています。

もっと見ると、より細部においても、世界と日本が符号しているのがわかります。

インドとヒマラヤ山脈の間、そして伊豆と富士山の間、どちらにもまったく同じことが起きていました。

大陸移動説が科学的な根拠をもって証明されるようになり、インドがもともとは大きな島だったことがわかりました。

大きな島であるインドが移動して、大陸にぶつかった衝撃でできたのがヒマラヤ山脈、エベレストです。

同じように、伊豆半島ももともとは島で、やはり移動して本州にぶつかり、その結果、できたのが富士山です。

インドと伊豆でまったく同じことが起きていたのです。

今記した、大枠というようなことから細部までを、「正統竹内文書」こと『帝皇日嗣』はあますところなく伝えています。

そして、まったくの後追いながら、科学がそれを証明してきました。「正統竹内文書」が伝えていたことが「当たっている」と証明されたのです。「当たっている」という言い方をすると、「偶然」という言葉が思い浮かぶかもしれません。それでも、やはり「偶然は神」なのです。

偶然ということが、こんなにも重なるのはどういうことなのかを考えるためにも、さらに細かいところで見てみましょう。

今見たように、何らかの共通点というくくりで見れば、世界と日本の関係は、インドが伊豆半島にあたり、エベレストが富士山にあたるということがわかりました。世界と日本を比べると、ほかにもそうしたところがあることに気づきます。

先ほどの図で確認していくと、カスピ海が琵琶湖、バイカル湖が十和田湖、スカンジナビア半島が能登半島にあたるといったように、ペアにしたもの同士は、形も似ていれば、相対的な位置関係もぴったりというほど一致するところにあることがわかります。

さらには、イスラエルが伊勢と同じ位置にあるということも確認できるでしょう。栄光なる伊勢でイスラエルなのです。

もっと細かく、川なども全部あてはめることができます。「正統竹内文書」にはそうしたものが入っています。

ところが、いろいろ細かいことになると、多少ズレるところが出てくることもあります。なぜズレるのかというと、私に口伝えをしてくれている長老たちの意見が一致していないからです。いろいろな見方があって、ここでも「一書に曰く」になってしまうのは避けられません。

世界の地形、山、川、湖、地名などが、日本のそれらに、いろいろ当てはまるということがわかりました。

あとは世界地図と日本地図を交互に見比べて、世界のどの部分が日本のどの部分に当てはまるかということを、時間のあるときにでも考えてみてください。

ところで、細かいことながら、また表記に関することを一つ。

「内八洲外八洲」「内八州外八州」という異なる表記を、どちらも見かけると思います。私も他の著作の中で両方使いました。その理由はこうです。

「洲」と「州」の違いは「サンズイ」の有無です。サンズイを入れた

「洲」を用いるのは、川を目印にしたことを表しています。

どこに目印、基準をおいて考えたかの違いだと思ってください。

水がないと人間は生きていけないので川を目印にしました。その川は山がなければ存在しません。そして人間は海から生まれてきました。

ですから、古神道では、山と川と海を拝むわけです。

「内八洲外八洲観」というものに触れて、世界と日本で重なるところがあればあるほど、それはちょっとやりすぎだろ！と思った人もいるでしょう。

裏を返せば、「やりすぎ」と感じるほど、「偶然」が重なっているということです。

まさに「偶然は神」なのではないでしょうか。

宇宙科学者と呼ばれる人たちにも、あまりにも偶然が重なることに対して、同じような感想を抱く人が結構いるようです。

すなわち、宇宙や地球ができる過程で、起きたことの一つ一つが仮に「偶然」だとしても、それらの「偶然」が重なって起こる確率はあり得ないと言えるぐらいの数字になるのだそうです。

そして、その、あり得ないほどの偶然の重なりに名前をつけるとすれば、「神」という言葉しか思い浮かばないということです。

『古事記』はもともと神道の本です。

でも、どう見てもSF小説ですよね。

特に神代を描く上つ巻がそうです。ようやく、中つ巻になって、地上界に降りてきてからの話は歴史のようになるのですが、それでもやはりSFのように感じられることでしょう。

今まで『古事記』が難しいと思われていたのは、SF的なところの解釈ができなかったからなのです。

『古事記』にはいろいろな側面があります。

神道の本、歴史書、あるいはSF、ミステリー、恋愛小説などなど。どのようなアプローチでもいいのです。

要は『古事記』を知って、楽しんでもらえるきっかけになればよいのです。

山に登るルートがいろいろあるように、『古事記』への道もいろいろあるはずですから。

# 第三章　日本創成の神々と日本形成の神々

## 伊弉諾神《イザナギノカミ》と伊弉冉神《イザナミノカミ》の国生みと四国の謎

### 天沼矛《あまのぬほこ》

時間の概念がなく、年暦無数と呼ばれたころから始まり、数えられる「時」もずいぶんと経ちました。その間に宇宙が誕生し、地球が生まれ、いろいろな生物が続々と登場しています。

一億二千年前。ようやく日本が誕生する場面に立ち会うときです。『古事記』の最初に現れた別天神の三柱、天御中主神《アマノミナカヌシノカミ》、高皇産霊神《タカミムスビノカミ》、神皇産霊神《カミムスビノカミ》が相談し、国を造るようにと、男神と女神を遣わします。

それが伊弉諾神（帝皇日嗣十六代）と伊弉冉神（帝皇日嗣十七代）です。そのときの様子は次のように書かれています。

「是《こ》のただよへる国を修理《をさ》め固め成せ」とのりたまひ、天《あめ》の沼矛《ぬほこ》を賜《たま》ひて、言依《ことよ》さし賜ふ。

「地上の有様《ありさま》を見るに、まだ脂《あぶら》のように漂っているばかりである。

お前たちはかの国を、人の住めるように作りあげよ。」

このように命令して、天沼矛《あめのぬぼこ》という玉飾《たまかざり》を施《ほどこ》した美しい矛《ほこ》を授《さず》けた。

そのとき、海は脂が漂うような、ドロドロの状態だったのです。

外八洲では聖書の「ノアの方舟」で描かれたような大規模な洪水が起こっていました。内八洲でも、地球温暖化によって低地が沈み、こうした状態だったわけです。

日本の神話には、他の神話に見られるような洪水の話がないといわれることがあります。でも、それは違うということがはっきりとわかります。

伊弉諾神が授かった天沼矛で海を「こをろこをろ」とかき回し、天沼矛を引き上げたときに、矛の先からしたたり落ちてできたのが、淤能碁《おのご》呂島《ろしま》です。この島は自然にできた島だと考えられています。

## 天《あま》の御柱《みはしら》

伊弉諾神と伊弉冉神は淤能碁呂島に天の御柱を立て、そこに立派な御殿を建てました。天の御柱を回り、互いに声をかけます。

伊弉諾神と伊弉冉神がその周りを回った、天の御柱とはなんだったのでしょうか。

第二章で地軸について少し触れました。地軸の傾きの変化が地球にさまざまな影響を与えるのではないかということもいいました。

地球に地軸があるように、天にも軸があります。宇宙の回転軸です。

これまでの章で、天常立神のことをお話ししましたね。実は、この神はもう一柱いるのです。代数には数えられていませんが、天底立神《アマノソコタチノカミ》です。この二柱の総合的な名称が天の御柱です。これが宇宙の軸、天の軸です。天の軸、天の御柱は真っ直ぐではなく歪んでいます。

また、天の御柱は国の御柱、つまり地軸とつながっています。国の御柱とはどの神のことか、もうおわかりですね。国常立神も本当は、国常《クニノトコ》立神《タチノカミ》と国底《クニノソコ》立神《タチノカミ》の二柱の神がいて、その総合的名称が国の御柱です。

海外の秘密結社で、ヴリル結社というのがあります。あまりその名は知られていません。でも、よく知られているフリーメイソンやイルミナティなどよりも古い結社です。

この結社は「ヴリル棒」と呼ばれる、地軸を操るものを信仰しているところです。

それだけ、地軸の傾きが大事だと考えられているということです。天の御柱のズレが、地軸のズレにも影響しています。それは、いわゆるパワースポットといわれるところが変わっていくことからも観察できます。

たとえば、伊勢神宮もずっと今の場所にあったわけではありません。五回ばかり、その位置が変わっています。元伊勢《もといせ》と呼ばれるところがあるのもそうしたことによるものです。天の御柱、国の御柱はこれほど大事なものだからこそ、書かれたものにはあまり出て来ず、陰陽道の「天の御柱、国の御柱、急急如律令《きゅうきゅうにょりつりょう》」という呪文に出てきます。秘密の文、「ひふみ」なので、あまり有名ではないのです。

伊弉諾神・伊弉冉神の天の御柱に話を戻しましょう。淤能碁呂島に立てた天の御柱は、天とつながるための実体的なものとして作られました。

いわば、天から神を降ろすための依り代のようなものです。

天の御柱は実在するものなので、それそのものは神ではありません。陰陽道の呪文でも「神」をつけません。あくまでも、神に降りてきていただく場所なのです。

そのような天の御柱の上に社《やしろ》を建てるという約束事でした。ですから、伊弉諾神と伊弉冉神が建てた御殿も立派なものだったのです。

**蛭子神《ヒルコノカミ》**

天の御柱の周りを回ったとき、先に声をかけたのが伊弉冉神でした。女神から男神に声をかけたのです。

そのとき、伊弉諾神が、直感だったのでしょうか

「女人《をみな》まづ言へるは不良《さがな》し」

「女のほうが先にものをいったのは、よくないしるしだ。」

ます。

とおっしゃったものの、共に寝所に誘《いざな》い、二柱の神は夫婦の契りを結びました。

そして生まれたのが蛭に似た蛭子神でした。

『古事記』では水蛭子《ヒルコ》とだけ書かれ、葦船《あしぶね》（葦の葉で編んだ舟）に入れられて、流されたことになっています。

島ができるにはできたけれど、流れて消えたことを意味します。そうしたところから、蛭子神は淡嶋《あわしま》とも呼ばれます。

一方『帝皇日嗣』では、蛭子神として帝皇日嗣十八代に数えています。そうたとえ、身体に障害を持って生まれたとしても、差別することなく帝皇に数えていたことがわかります。

**淡路島《あわじしま》**

伊弉諾神と伊弉冉神は高天原に一旦戻り、どうすればよいかを天神に相談します。すると、天神たちによって太占《ふとまに》がたてられました。高天原の神様たちも、占いをするのです。

太占とは古代日本に行われていた神意を尋ねる方法で、鹿の骨を焼いて、その亀裂の入り方で事の吉凶を占います。

太占によると、女神のほうから先に声を掛けたのが蛭子を生んだことにつながったということでした。

伊弉諾神と伊弉冉神は淤能碁呂島に戻って、再び柱を回り、今度は男性神・伊弉諾神から先に声をかけました。

そうして生まれたのが最初の島、帝皇日嗣十九代・淡道之《アワジノ》穂之《ホノ》狭別《サワケノ》嶋神《シマノカミ》、のちの淡路島です。

淡路島の形をよく眺め、日本地図の中にこれとよく似た形のものを探してみてください。ヒントはすぐ近くの湖です。

そうです。琵琶湖《びわこ》です。

琵琶湖があるところは、元は淡海《おうみ》の国（元々の発音は「アウミノクニ」に近い）と呼ばれるところです。

口伝によると、淡路島は琵琶湖と双子です。

また、琵琶湖は日本の〝子宮〟だとも言われます。子宮である琵琶湖をぐるぐるかき回し、ぽつんと落としたのが淡路島だということです。

琵琶湖が日本の子宮だというのは、後世の歴史を見ても納得がいくところです。琵琶湖のある近江《おうみ》の国（今の滋賀県）を押さえないことには、天下が取れません。織田信長《おだのぶなが》、明智光秀《あけちみつひで》、羽柴秀吉《はしばひでよし》など、皆がここを取りたがったゆえんです。

## 四国の秘密

伊弉諾神と伊弉冉神は次々と島を生んでいきます。

二番目に生まれたのが、伊予之二名島《いよのふたなのしま》、のちの四国です。

ここにまた『古事記』の秘密があります。

二番目に生まれたのが、『古事記』では四国ですが、『日本書紀』では大日本豊秋津洲《おおやまとよあきづしま》、すなわち、本州になっています。

二番目が四国だったことをどうしても隠したかったのです。日本列島の島々が生まれた順番にも意味があるからです。

なぜ四国からだったのか。四国は、本当は死国だからです。

死からの再生が古神道の奥義です。まず「死」から始まることを考えれば、本州よりも先に「四国」なのです。

四国は『古事記』だけでなく、なにかと秘密の多いところです。

たとえば、地震帯というものがありますね。熊本の阿蘇、阿蘇《あそ》神社のあるところから、大分の宇佐《うさ》神宮を通り、住吉《すみよし》大社、伊勢《いせ》神宮、熱田《あつた》神宮、鹿島《かしま》神宮、香取《かとり》神宮に抜けます。この地震帯のラインを地龍《ちりゅう》といいます。ドラゴンです。神道では地脈《ちみゃく》という呼び方をします。そして、この地龍が、火山ではないのに、なぜか四国の剣山《つるぎさん》を通るのです。

ユダヤ教の人たちは、アーク（十戒を記した石版を入れていた聖櫃《せいひつ》）は四国にある、あるとすればそれは四国だと意識しているようです。私は見たことがないので、あるかどうかは知りませんが。

『古事記』では，のちの本州、大倭豊秋津島《おおやまととよあきづしま》、別名・天御虚空豊秋津《アマノミソラトヨアキツ》根別神《ネワケノカミ》は八番目の島として生まれています。

伊弉諾神と伊弉冉神が初めて生んだ島が八つの島なので、合わせて「大八島国《おおやしまくに》」と言い、それが日本の呼び方にもなりました。

国生みはこのあとも、まだまだ続きます。

このときの国生みで誕生したのが、帝皇日嗣十九代の淡道之穂之狭別嶋神から、帝皇日嗣三十七代の両児島《ふたごのしま》、別名・天両屋神《アメノフタヤノカミ》（今の五島列島）までと記されています。

## 大八州に満ち満つ八百万の神

### 様々な地形に宿る神々

伊弉諾神と伊弉冉神は国生みを終え、次に、神生みが始まります。伊弉冉神が生んだ、最初の神は大事忍男命《オオコトオシオノミコト》です。帝皇日嗣三十八代にあたります。

このあと、次々と実にさまざまな神が生まれ、『古事記』は神の名と役割を列挙していきます。

次に生んだのは、壁を作る石や土を称えた石土毘古神《イハツチビコノカミ》。次に、石砂を称えた石巣比売神《イハスビメノカミ》。次に、入り口の門を称えた大戸日別神《オホトビワケノカミ》。次に、屋根を葺《ふ》くことを称えた天之吹男神《アメノフキヲノカミ》。次に、屋根を称えた大屋毘古《オホヤビコノ》神《カミ》。次に、風害を防ぐ神である風木津別之忍男神《カザケツワケノオシヲノカミ》、これらの六神は家屋を守護するところの神々である。次に生んだのは海を統《す》べる神で、その名は大綿津見神《オホワタツミノカミ》。次には水戸《みなと》、すなわち河口を統《す》べる神で、その名は水の流れの速いところで穢《けがれ》を祓《はら》う意味の速秋津日子神《ハヤアキツヒコノカミ》。次にはその女神である速秋津比売神《ハヤアキツヒメノカミ》を生んだ。

家屋を守る神様だけでも、壁と門とでは別の神ですし、屋根だけでも二柱の神がいます。海と河口（港）も別の神です。さらに『古事記』に沿って見ていきましょう。

最後に生まれたハヤアキヅ彦《ひこ》とハヤアキヅ姫《ひめ》の二柱の神は、河から海に入る水戸《みなと》を統《す》べる神であるから、互いに河と海との片方ずつを分担し合って、次のような神々を生んだ。すなわち、水泡の和《な》ぎわたったことを示す沫那芸神《アワナギノカミ》。次に波の立ち騒ぐことを示す沫那美神《アワナミノカミ》。次に水のつぶつぶと泡立つ様《さま》を示す頬那芸神《ツラナギノカミ》。次に同じく頬那美神《ツラナミノカミ》。次に灌漑《かんがい》のことをつかさどる天之水分神《アメノミクマリノカミ》。次に同じく国之水分神《クニノミクマリノカミ》。次に、水を汲む柄杓《ひしゃく》を持つ意でやはり灌漑の神である天之久比奢母智神《アマノクヒザモチノカミ》。次に同じく国之久比奢母智神《クニノクヒザモチノカミ》である。

次は、海と陸を吹き渡る風の神と、陸上の様々な神々を生んでいきます。

さてイザナギ、イザナミの二神は、さらにつづけて風の神、その名は息の長いことを示す志那都比古神《シナツヒコノカミ》を生んだ。次に生んだのは木の神で、その名は茎《くき》を美化した久久能智神《ククノチノカミ》。次に生んだのは山の神で、その名は大山津見神《オホヤマツミノカミ》。次に生んだのは野の神で、その名は鹿屋野比《カヤノヒ》売神《メノカミ》、屋根を葺《ふ》くための萱《かや》や薄《すすき》の類《たぐい》を称えた名前で、別名を野椎《ノヅチノ》神《カミ》と呼ぶ。

山の神である大山津見命《オオヤマツミノミコト》と野の神である草野姫命《カヤノヒメノミコト》（鹿屋野比売神）も、さらに神を生んでいきます。

最後に生まれたオホヤマツミノ神とノヅチノ神の二柱の神は、山野を統《す》べる神であるから、互いに山と野との片方ずつを分担し合って、次のような神々を生んだ。すなわち、けわしい坂路《さかみち》をつかさどる天《アメ》之狭土神《ノサヅチノカミ》。次に同じく国之狭土神《クニノサヅチノカミ》。次に峠の境界をつかさどる天《アメ》之狭霧神《ノサギリノカミ》。次に同じく国之狭霧神《クニノサギリノカミ》。次に日の光の射《さ》さぬ谷間をつかさどる天之闇戸神《アメノクラドノカミ》。次に同じく国之闇戸神《クニノクラドノカミ》。次に山のゆるやかな傾斜面をつかさどる大戸惑子神《オホトマトヒコノカミ》。次に同じく大戸惑女神《オホトマトヒメノカミ》。

なぜこれほど細かに領域を異にする神々が大勢おられるのかというと、ひとつには、実際に山の峠と坂、なだらかな斜面とでは、場所の性質が違うから、という理由があります。そういう違いを認識して、ひとつひとつを名付け、神を降ろしていったということです。

もうひとつは、神にはそれぞれに縄張りと役割が決まっているからです。そして、それぞれの神が独自の技を持っているからです。

たとえば、風の神が生まれたことは、『古事記』原文では

次に風の神、名は志那都比古神《しなつひこのかみ》を生みたまふ。

とだけ記されます。

確かに風の神です。しかし、その役割となると、より複雑なものがあ

ります。

志那都比古神（竹内睦泰流の表記では級長津彦命《シナツヒコノミコト》）には風の神として、いわば、表と裏の顔があるのです。

表の顔は台風を起こすという役割があるのですが、裏の顔は雨を止める役割なのです。台風によって雨を降らせることはあるけれど、風で雲を吹き散らして、雨を止める役割もするのです。

ですから、雨を止める祈りには級長津彦命の名を唱え、反対に雨乞いのときは豊雲野神《トヨクモヌノカミ》に頼みます。

野の神の草野姫命《カヤノヒメノミコト》は漬物《つけもの》の神でもあります。ですから私は、漬物を食べるときに、草野姫命に感謝を唱えたりします。

神の役割はそれぞれに違うのですから、祈るときはそれをわかった上で祈らなければなりません。間違った神を拝んでは大変なことになります。

伊弉諾神・伊弉冉神の子ども世代、孫世代を含めて、『古事記』はこのように大勢の神の名を記しています。

が、それがすべてではありません。載っていない神だってあるのですよ。たとえば、速佐須良比賣《ハヤサスラヒメ》は夏越《なごし》の祓《はらえ》と年越《としこ》しの祓《はらえ》に昔から唱えられてきた大祓詞《おおはらえのことば》には名前が見えますが、『古事記』には載せられていません。

そうしたことを知れば、日本の神が「八百万《やおよろず》」と言われることがさらに納得できるのではないでしょうか。

『古事記』のこの部分に登場する神が、違う場面でまたその名を目にすることが少なくありません。

一例に、大山津見命《オオヤマツミノミコト》（山神）、大綿津見命《オオワタツミノミコト》（海神）などがあります。これは、大山津見命、大綿津見命を降ろす人がいて、そうした役割が代々世襲されていることを意味します。

『古事記』が語るのは、もちろん神様のことなのですが、決して非現実の神話の世界ではないのです。ちゃんとこの世界と繋がっている話なのです。

火之迦具土神《ヒノカグツチノカミ》
こうして様々な地形の状況に応じた神々を生んだあと、さらに鳥石《トリノイワ》楠船神《クスフネノカミ》、別名天鳥船神《アメノトリフネノカミ》を生み、伊弉諾神と伊弉冉神の神生みも順調に進んでいくかのようにみえました。しかし、帝皇日嗣六十九代の火之迦具土神を産んだときに、伊弉冉神は陰部《ほと》に火傷を負ってしまいます。

『古事記』はこの場面を

……火之迦具土神《ひのかぐつちのかみ》と謂ふ。此の子を生みたまひしに因りて、みほと炙《や》かえて病《や》み臥《こや》せり。

……火之迦具土神《ヒノカグツチノカミ》と言う。この御子《みこ》は燃える火の神であったために、御子を生むにあたってイザナミの女神は陰処《ほと》［女陰］を焼かれて、そのため煩《わずら》って床に就《つ》いた。

と記します。

伊弉冉神がこのようになった場面は何を描き、私たちに何を教えてくれているのでしょうか。

伊弉冉神が迦具土神を産んだときの様子は具体的には描かれていませ

ん。しかし、陰部に火傷を負ったと表現されるぐらいですから、相当な難産だったことが想像できます。

そして、伊弉諾神はその難産の現場に立ち会い、伊弉冉神の苦しむ姿を見てしまったのだと思います。

子供を産むことは尊いことです。が、実際の産む姿となると、どんなに安産であっても女性にとっては見られたくないのではないでしょうか。ましてや、難産で苦しむ姿であれば、なおのことでしょう。

女性は出産に耐えられるよう、痛みには強く作られているといいます。それに比べると、男性は痛みには甚だ弱いそうです。なんでも、男性がもし、産みの苦しみを経験したなら、すぐさま気を失ってしまうほどだとか。

そんな男性が壮絶な出産現場を見てしまうと、その後、妻への愛情は変わらぬものの、セックスができなくなってしまうと言います。そのような事態を招かないためにも、男性が出産の現場に立ち会ったり、覗いたりすることを諫《いさ》めているのだと思います。

伊弉冉神が火傷の癒《い》えぬまま、苦しみのあまりに垂れ流した排泄物からでさえ、神々が生まれます。

大便からは埴山彦命《ハニヤマヒコノミコト》（『古事記』の表記では波邇夜須毘古神《ハニヤスビコノカミ》）、その女神である埴山姫命《ハニヤマヒメノミコト》（同じく、波邇夜須毘売神《ハニヤスビメノカミ》）が生まれ、尿からは水波姫命《ミズハノメノミコト》（弥都波能売神《ミツハノメノカミ》）が生まれています。

これはどのように考えれば良いでしょうか。

すべてのものに神が宿ると考え、すべてのものにまず日本語で神の名を付けました。そこには、きれいも穢《きたな》いもありません。

そして、あとから意味を考えたと思われます。糞尿《ふんにょう》は農業にとって肥料になるのですから大切なものです。では、それをどの神様に当たるだろうかと考えて、土の神と水の神に当てはめたのでしょう。『古事記』にはこのように、後付で当てはめたと考えられる神の役割もあるのです。

ですから、後付するときに漢字を選んでつけたのだと思います。すなわち、漢字のほうが当て字なのです。

聖書には「はじめに言葉があった」という記述があります。あれは、すべての神に名前をつけていったことを指すのかもしれないと私は思っています。

## 迦具土神と須佐之男命の謎

伊弉冉神の神退《かむさ》り

伊弉冉神はどうなったでしょうか。

苦しみ抜いて、とうとう、火傷が悪化して、死んでしまいました。お産は文字通り、命懸けです。命懸けの大事《おおごと》であるがゆえに、尊いことなのです。

伊弉冉神を失った伊弉諾神は声を上げ、泣き悲しみます。しかし、どんなに涙を流したところで、伊弉冉神は戻りません。伊弉諾神は伊弉冉神の亡骸《なきがら》を出雲《いずも》の国（今の島根県）と伯伎《ほうき》の国（今の鳥取県）の境にある比婆之山《ひばのやま》に埋葬しました。

伊弉諾神は子供と引き換えに最愛の妻を亡くしてしまいました。そのとき、何が起こったのか。『古事記』はこのように記します。

是《ここ》に伊耶那岐命、御佩《みは》かせる十拳《とつか》の釼《つるぎ》を抜き、其の子迦具《かぐ》土神《つちのかみ》の頸《くび》を斬《き》りたまふ。

しかしイザナギノ命は、妻に先立たれた痛恨《つうこん》のあまりに、腰に帯びた、長さ十握《とつかみ》もある十拳剣《とつかつるぎ》をすらりと引き抜くと、不幸の原因となった御子の火の神、カグツチノ神の頸《くび》を切り放った。

迦具土神の頸を斬ったと書かれています。この子のために妻が死んでしまったのだと思う気持ちは察するに余りあります。しかし、これは実際手にかけたわけではありません。

伊弉諾神が迦具土神の霊体（特に荒魂《あらみたま》）を斬ったということを意味します。

神道には「一霊四魂《いちれいしこん》」という考え方があります。

肉体の中に霊体が存在し、その霊体の中に四つの魂が存在しているという考えです。

四つの魂とは、和魂《にぎみたま》、幸魂《さきみたま》、奇魂《くしみたま》、そして荒魂《あらみたま》のことです。

四つの魂を簡単に説明しておきましょう。

和魂は優しい気持ち、幸魂は嬉しい気持ち、奇魂は個人の個性、そして、荒魂は怒るなど荒々しい気持ちに関係があるとされています。

迦具土神は死んでいません。荒魂を斬られただけだったのです。

迦具土神は生きていました。迦具土神は火の神で、剣に関係のある神になります。

その神の名は須佐之男命《スサノオノミコト》です。

迦具土神は須佐之男命に降りていったのです。

『古事記』での話を先取りしてしまいますが、荒魂が斬られたので、須佐之男命の荒ぶる行いはなくなりました。そして、困っている姫を助ける（八俣《やまた》の大蛇《おろち》の話）など、積極的に良い行いをするように変わっていきます。

迦具土神の霊体が斬られた跡からも、多くの神が生まれています。

これは、もう一度、人間の形に神を降ろしたことを意味します。

すべての神を人に降ろし、人の形にはそういう作用があるということを教えてくれているのです。

私たち自身のなかにすでに神がいるというのは、こうしたことからきています。

## 刀剣の神

迦具土神から新たに生まれた神のなかで、刀剣の神について少し解説しておきましょう。

このとき、石拆神《イワサクノカミ》、根拆神《ネサクノカミ》、そして石筒之男神《イワツツノオノカミ》が刀剣の神として誕生しています。

また、迦具土神の霊体を斬った剣そのものが、天之尾羽張《アメノオハバリ》、別名・伊都之尾羽張《イツノオハバリ》という霊剣になりました。

刀剣の神は武神《ぶしん》にも、そして、刀そのものにも降ります。

ここで誕生した、石筒之男神は時代を経て、のちの鎌倉時代の刀にも降りています。

それが名刀正宗《まさむね》です。

名刀正宗は隕石でそのほとんどが鉄から成る、いわゆる隕鉄で作られています。

刀鍛冶《かたなかじ》である正宗は隕鉄には石筒之男神が降りていて、霊力があるという言い伝えを知った上で、隕鉄を使っているのです。

日本刀がすごいのは切れ味だけではありません。

日本刀が人を魅了してやまないのも隕鉄で作られ、そこには霊力が宿っているからなのでしょう。

## 黄泉《よみ》の国《くに》

伊弉諾神はどうしても、伊弉冉神の死を諦めることができません。伊弉諾神は伊弉冉神を死者の国・黄泉の国まで迎えに行きます。そのときの様子を『古事記』はこう記します。

黄泉国《よもつくに》に追ひ往《い》でます。尓《しか》して殿《との》の縢戸《とぢと》より出《い》で向かへたまふ時に

この世のものならぬ地下の世界へと降《くだ》っていった。
黄泉国《よもつくに》、別名は、暗黒の夜を思わせる夜見之国《よみのくに》、また別名は、地下の国を意味する根堅洲国《ねのかたすくに》、あるいは根国《ねのくに》、これは死者の世界である。この国は、生きた者の来ることをかたく禁じて、その御殿は、冷たい石の扉がしっかりと現世との間を鎖《とざ》していた。

死者の国である黄泉の国のイメージがまず語られます。黄泉の国の入り口には、死者の国と現世を隔てる扉があり、堅く閉ざされていると書かれています。

しかし、黄泉の国なるものは物体的には存在しないものの、この世と同じところにあり、つながっていると考えられます。

この世と黄泉の国を隔てる扉越しに、伊弉諾神は伊弉冉神に「一緒に帰ろう」と言い、それを聞いた伊弉冉神はこう応えました。

「悔《くや》しきかも、速《と》く来《き》まさず。吾は黄泉戸喫《よもつへぐひ》為《し》つ。然《しか》あれども愛しき我がなせの命、入り来坐《ま》せる事恐《かしこ》し。故還らむと欲《おも》ふ。しばらく黄泉神《よもつかみ》と相論《あげつら》はむ。我をな視《み》たまひそ」

「もっと早く来てくださらなかったことが、悔《く》やまれてなりません。もう遅すぎるのでございます。私はこの黄泉国《よもつくに》で、不浄な火と水とで炊《た》いた食物を口にしてしまいました。私の身体《からだ》はもう穢《けが》れていま す。それでも、いとしい背《せ》の君《きみ》［女性が夫、兄、恋人を呼ぶときの語」が、こうして私をお迎えにわざわざおいでになったというのは、本当に嬉《うれ》しくて、ありがたいことなのでございますから、私としましては、飛び立っても帰りたい気持ちになりました。しばらくの間、この国の神々に相談して、帰ってよいかどうかうかがってみましょう。ただお断わりしておきますけれど、その間は私の姿をごらんにならないでくださいまし。」

伊弉冉神は伊弉諾神に自分の姿を決して見ないようにと言いおいて、黄泉神のところへ行きました。

伊弉冉神を待つこと、どれくらいの時間が経ったでしょうか。待てども待てども伊弉冉神は戻って来ません。

たまりかねて、伊弉諾神は自分の髪に挿した櫛の歯を折り、火を灯し、あたりを見渡しました。

そのとき、目に飛び込んできたのは、腐乱し、横たわる伊弉冉神の醜い姿でした。あれほど、見てはいけないと言われていたのに、伊弉諾神は見てしまったのです。

変わり果てた姿の伊弉冉神が伊弉諾神に

「吾に辱《はぢ》見せつ」

「あなたというかたは、私の恥ずかしい有様をごらんになりましたね。」

とだけ言います。

伊弉諾神は恐怖のあまり、その場を逃げ出しました。伊弉冉神が放った、黄泉の国の醜女《しこめ》（醜い女神）たちがわらわらと伊弉諾神を追いかけてきます。

この場面では伊弉諾神が黄泉の国で伊弉冉神の醜い姿を見てしまいました。先の場面では伊弉冉神が迦具土神を出産し火傷を負ってしまいました。両者は一見違う場面を描いているようで、実は同じ一つの場面を扱っています。すなわち、伊弉諾神が伊弉冉神のお産で苦しんでいる姿を見てしまったということを描いているのです。

そしてここでもまた、男性は女性が出産するところを見てはいけないということを繰り返し伝えているのです。

伊弉諾神は、伊弉冉神が放った醜女の追跡から、あの手この手で、なんとか逃れ、あの世とこの世の境にある、黄泉比良坂《よもつひらさか》の下までたどり着きます。すると、伊弉諾神は、そこに生っていた桃の実を醜女たちに投げつけました。桃の実の霊力が醜女たちを追い返しました。

伊弉諾神は間一髪のところで、危機から救ってくれた桃の実に

「お前は今、私を助けてくれたが、葦《あし》茂るこの豊かな葦原中国《あしはらのなかつくに》に住む、ありとあらゆる命《いのち》すこやかな人たちが、もしや辛《つら》い目にあって苦しむようなことでもあれば、私同様に助けてやっておくれ。」

と言い、桃の実に意富加牟豆美命《オオカムズミノミコト》という名を与えました。

なぜ、伊弉諾神がそこに生っている桃を投げたことで醜女を撃退することができたのでしょうか。

それはこのとき、神が桃の実に霊力を降ろしたからなのです。

桃の実に霊力を降ろしたのは多分、高皇産霊神だろうと思われます。『古事記』のこの場面に記されたように、神が「桃」という果実に霊力を降ろしたおかげで醜女を撃退したという神話が先にあった上で、そのあとから、私たちが今、知っている、いわゆるピーチを「桃」と呼ぶようになったのです。あくまでも神話のほうが先です。

桃をめぐる話をもう少しだけしておきましょう。

あるテレビ番組で、有名な遺跡から大量に桃の実のあとが発見されたということを、古代中国の宗教・道教《どうきょう》の影響であると解釈していました。

しかしこの解釈は事の本質に全く迫っていません。

道教というのはあくまでも古神道から出たものです。元々、古神道にあった桃にまつわる話が、日本から中国に伝わっていったその後で、今度は中国から日本へと戻ってきただけの話なのです。

こんなところにも、すべては日本から始まり、世界に広がり、また日本に戻ってくるということが見てとれるのです。

さて、桃の実の霊力で難を逃れた伊弉諾神はどうなったでしょうか。

醜女たちが退散したと思いきや、今度は伊弉冉神自身が伊弉諾神を追いかけて来ます。

伊弉諾神が黄泉比良坂の真ん中に大きな岩を置いたので、伊弉冉神はそれ以上進めません。

伊弉諾神が岩越しに伊弉冉神に言葉をかけました。が、それは伊弉冉神にとっては信じられないものでした。離婚の言葉だったのです。

それを聞いた伊弉冉神は

「いとしい我が背《せ》の君《きみ》よ、もしあなたがそのようなひどいことをなされるならば、あなたの国の人々を一日に千人ずつ絞《くび》り殺してあげましょう。」

とまるで呪うかのようです。それに対して伊弉諾神は、

「いとしい我が妻よ。お前がそんな非道なことをするならば、私のほうは一日に千五百の産屋《うぶや》を建てて、子供を生ませることにしよ

う。」

と応じます。

このようなことがあったので、一日に千人が死に、千五百人生まれることになりました。

これは、人口が増えていくこと、人口増加を示しています。人口は食べ物が豊富になければ増えません。ですから、人口が増えるということは同時に五穀豊穣を意味し、それは人口増加の良い面です。しかし、その反面、人口が増えれば、それだけ争いが増えることになります。

どんなことにも表と裏が存在します。多様な見方が必要です。

### 伊弉諾神・伊弉冉神とは誰か

伊弉諾神と伊弉冉神をめぐって、『古事記』が記すところを見てきました。これは決して、遠い神話の世界の話ではないのです。

伊弉諾神、伊弉冉神というのは特定の二柱の神ではなく、男性神、女性神を象徴する称号です。夏越の祓と年越しの祓で罪・穢《けが》れを祓う大祓詞《おおはらえのことば》は「高天原に神留《かむづま》り坐《ま》す　皇親《すめらがむつ》神漏岐《カムロギ》　神漏美《カムロミ》の命《みこと》以《も》ちて」（高天原にいらっしゃる、皇室の先祖である神漏岐命《カムロギノミコト》と神漏美命《カムロミノミコト》のお言葉によって）という一節で始まります。この神漏岐命・神漏美命が特定の神様というわけではなく、男女ペアの神様の象徴というのと同じなのです。

そして、世襲名です。伊弉諾神と伊弉冉神は何代にもわたっています。天沼矛を使った伊弉諾神、伊弉冉神は、いわば天上界の伊弉諾神、伊弉冉神です。

天上界の伊弉諾神、伊弉冉神も何代かにわたります。

大陸が移動するのに伴い、氷河期が終わることを神々は分かっていました。そして、ついに日本がユーラシア大陸から分離するとき、天上界の最後の伊弉諾神、伊弉冉神は自分たちが創ったところに神霊として肉体に天降りました。

それが日本です。

ですから、106ページの「内八洲外八州観」のところで述べたように、日本の形は世界の形になっているのです。ミニ世界を創ったということです。

内八洲外八洲というのは偶然ではありません。

日本は神が創った、正真正銘の神国だったのです。

そして、日本人は全員が天上界から降りてきた伊弉諾神、伊弉冉神の子孫です。

天上界の最後の伊弉諾神、伊弉冉神が自分たちの魂を地上界の伊弉諾神、伊弉冉神に降ろしました。それが、人間としての初代の伊弉諾神、伊弉冉神です。どの島をどういう順番で産んでいったらいいか、地の伊弉諾神は天の伊弉諾神に諮《はか》り、従ったのでしょう。天の伊弉諾神は地球上を見ることができましたから。

初代の伊弉諾神、伊弉冉神は約一万六千年前（口伝では一万二千年前）で縄文人としても初代でした。そして、最後は紀元前五世紀くらいのときの弥生人でした。

それは、その間ずっと伊弉諾神、伊弉冉神という存在があったということを意味します。

天上界と地上界で、天皇、皇后にあたる伊弉諾神、伊弉冉神が絶えることなく存在したことが、これまでの日本にやはり天皇、皇后の存在が絶えることがないということにつながっているのです。

また、日本は海に囲まれていて侵略できないという地理的条件や民族大移動による影響などがなかったなどの理由から、歴史的に見てもつながっています。

天上界の伊弉諾神、伊弉冉神が自分たちを人間の身体に降ろされたということが、「宇宙からきた」と言われる所以《ゆえん》です。

ですから、人間はほかの猿人や旧人とは違うのです。

人間は猿人や旧人から進化して、人間になったのではありません。

神が降りたから変わったのです。それが新人です。

神はどこに降りたのでしょう。

伝えられているのは、飛騨《ひだ》の国（今の岐阜県）にある、位山《くらいやま》だということです。

位山は意識体が降りやすいところのようです。

ですから、神主が神を降ろすために使う笏《しゃく》は位山に産するイチイの木でできたものを使うことに決まっています。私のもそうです。

思い出してください。第一章で名前の出てきた、帝皇日嗣零代の、

「無の神」の名前を。

「皇祖《ミオヤ》元《モト》主《ス》元無極主《ミクライヌシ》大御神《オオミカミ》」です。

「クライヌシ」という部分に、降りたところが記憶されているのです。

神を数えるときには「柱」を使います。神を降ろすのに木を使うからです。神主の笏を含めて、位山のイチイの木に神を降ろすからなのです。

# 第四章　三貴子の説話

## 伊弉諾神《イザナギノカミ》の禊《みそ》ぎ祓いと三貴子《さんきし》の誕生

禊ぎで生まれる神々

伊弉諾神は黄泉の国から命からがらこの世に戻ってきました。ちなみに、「よみがえる（蘇る）」というのは、黄泉からかえるという意味の言葉です。

伊弉諾神はよみがえりました。

この世に戻り、その途中の筑紫《つくし》の国、日向《ひむか》の橘《たちばな》の小門《おど》の阿波岐原《あわぎはら》というところまでやってきたとき、黄泉の国の穢《けが》れを祓います。

次々と、持っていたものを投げ捨て、身につけていたものを脱ぎ捨てます。さらに川に入り穢れを落としました。すると、その一つ一つのものからも神が生まれました。

たとえば、投げ捨てた褌《はかま》から生まれたのは、道俣神《チマタノカミ》です。文字通り、そこから道が分かれていく地点、いわゆる追分《おいわけ》です。こうしたところにも神が宿ります。

今も日本中のあちらこちらに、道祖神《どうそじん》を見かけます。

道祖神とは村落の境をはじめ、交通の要所、特に道の分岐点などに祀られていて、そこで悪霊の侵入を防ぐと考えられている神様です。

これも、神名は異なるものの、分岐点には神が宿るという『古事記』からの考えを受け継ぐものです。

『古事記』は現代につながっているということが、また一つ確認できました。

分岐点があれば、合流点もあります。

川と川の合流地点など、落合《おちあい》と呼ばれ、そこにも神が宿ります。

地名に「池」「沼」などを含むところは、神が降りやすいとも言われています。

場所にも神の名前を付けることによって、その場所に神を降ろします。

それが今、盛んに言われるパワースポットと呼ばれるところです。

ほとんどの場所に神の名があり、意味づけしていくので、八百万神になるのは当然と言えば当然なことです。

これは、どこでも、いたるところに神がいるということを意味しています。

神がいるのは、なにも鄙《ひな》びた土の道や田んぼだけではありません。現代社会のアスファルトの道にも、近代的なビルの中にも神はおわします。もし皆さんがこの本を木のテーブルに置いて読んでいるなら、そのテーブルには木の神である久久能智命《ククノチノミコト》がおられます。本を読みながらコーヒーを手にして、金属のスプーンでかき混ぜているなら、そのスプーンには金山彦命《カナヤマヒコノミコト》がおられます。神々は今、皆さんがいるその場所に数限りなくおられます。

『古事記』では伊弉諾神が川で禊ぎをしたとき

「上《かみ》つ瀬《せ》は瀬速し、下《しも》つ瀬は瀬弱《よわ》し」

「上《かみ》の瀬は潮《しお》の流れが速い、下《しも》の瀬は潮の流れがゆるやかだ。」

と、川も場所によって流れに違いがあるのを感じているようすが描かれます。

川だけでなく、海もそうです。

古神道での禊ぎの多くは海で行います。

海の中も同じ場所であっても、上、中、下と高さによって、潮の流れが違います。

海に入り、禊ぎをすることで、自然は位置によって違うということを体感するのです。

## 三貴子誕生が意味するもの

禊ぎの最後に生まれたのが、いわゆる三貴子です。

伊弉諾神が左目を洗ったときに生まれたのが、女神の天照大御神《アマテラスオオミカミ》です。続いて右目を洗ったときに生まれたのが月夜見命《ツクヨミノミコト》です。最後に、鼻を洗ったときに生まれたのが須佐之男命《スサノオノミコト》です。

この三柱の神が生まれたとき、伊弉諾神がこう言いました。

此《こ》の時に伊耶那伎命《いざなぎのみこと》いたく歓喜《よろこ》ばして詔《の》りたまはく、「吾《あれ》は子《こ》を生《あ》らし生《あ》らして、生《あ》らす終《はて》に、三《みはしら》の貴《たふと》き子を得つ」とのりたまふ。

ここにおいてイザナギノ命は、心から歓喜の叫びをあげて次のように言った。「私は子供を次々と生んできたが、その最後において、三人の世にも尊い子供たちを得たのは、なんという嬉《うれ》しいことだろう。」

伊弉諾神が天照大御神、月夜見命、須佐之男命を「三の貴き子」と表現したことから、三貴子《さんきし》と呼ばれます。

天神から伊弉諾神に、三貴子が成長したときにそれぞれ担う役目のお告げがありました。

天照大御神は高天原を、月夜見命は夜之食国《よるのおすくに》を、そして須佐之男命は海原を、それぞれ治めるようにと託《たく》されたのです。

伊弉諾神から三貴子が生まれたということも、物語としては案外すんなりと読めるでしょう。しかし、よく考えてみると、男性は子を直接は産めません。ですから、こうした部分に何か暗号があるのではと思ってしまいますよね。

ではいったい、伊弉諾神から三貴子が誕生したということは何を表しているのでしょうか。

まず、三貴子というのは、三つの氏族を意味します。天照大御神が太陽の神官、月夜見命が月の神官、そして須佐之男命が海の神官を表しています。

そして、伊弉諾神が産んだということは、伊弉諾神が三つの氏族をまとめたということを意味するのです。

天の伊弉諾神、伊弉冉神が、地の伊弉諾神、伊弉冉神に降り、そこが日本だったということは先ほど書いたとおりです。

日本から世界にどんどん出かけて行きました。

天照大御神や須佐之男命も出かけていきます。

それを表しているのが天皇家の紋章「十六弁菊花紋《じゅうろくべんきっかもん》」です。

日本から十六氏族が、十六方位に広がっていったことを示しているのです。

「菊花紋」と言いましたが、本当は太陽紋で氏族を表す紋章です。

この紋章が世界でも見られることはとても有名です。たとえば、バビロンの神殿やノートルダム寺院の建物にも刻まれていますし、ルイ十四世の指輪にも太陽紋として使われていました。

イラクのサダム・フセイン元大統領が生前、菊花紋の入った指輪をしていたそうです。それを日本人から日本の天皇家の紋章ではないですかと指摘されたとき、「これはうちのシュメールの紋章だ」と答えたそうです。

スメラミコトの紋章なのです。

今のイラクあたりでは、発音が変わり、スメラがシュメールとなったことをも物語っています。

そして、今度は世界から日本に戻ってきたのです。

十六方向に分かれて世界に行き、十六方向からまた帰ってきたことを表しているのが、私の紋章、南朝摂政宮竹内家の「四つ割菊に葉付き菊」です。

菊の花弁が外側へ広がっていくのと、それとは反対に内側に向かっているのとを組み合わせて、世界に出て行くことと、日本に戻ってくることを表しているのです。

海外に出ていた天照大御神や須佐之男命の一族は、このとき日本に戻

南朝摂政宮竹内家紋章

ってきたのでしょう。まさにシンクロニシティ（共時性）で、ほぼ同じときに帰ってきてしまった。月夜見命自身は帰ってきていませんが、月夜見命の氏族のなかには、先に戻ってきた人たちもいるわけです。

伊弉諾神が三貴子を得たというのは、出かけて行った十六氏族のうち、戻って来た三氏族をまとめたということを表しているのです。

氏族を真の意味でまとめ、束ねるには、出雲の国の国譲りのときまで待たねばなりません。それはもう少し先の話になります。

## 地上を歩く天照大御神

『古事記』は国内向けに書かれた歴史書でもあります。そして、歴史書には表面的なことだけでなく、必ずといってよいほど裏の意味も書かれているものです。ですから、表と裏、両方向からの見方をする必要があります。

それは歴史の出来事だけではありません。

神や人を見るときにも必要なことです。

三貴子がそれぞれ、どのような方たちなのかをまずは少しご紹介しましょう。それから、『古事記』のエピソードに沿って詳細をみていくことにします。

まずは、天照大御神です。

天照大御神は三貴子の最初に生まれ、高天原の統治を託された神です。

この高天原とはどういうところなのでしょうか。

高天原というと、つい天上界を思い浮かべがちです。

しかし、よく考えてみると、天上も地上も全部宇宙のなかにあると考えれば、両者は区別がつきません。

高天原はどこにでもあると考えることもできます。

そう、高天原は次元の違うところに重なり合っているのです。

そんな高天原を治める天照大御神は、『古事記』で「大御神」と書かれる最高神です。(「大御神」と呼ばれるのは天照大御神だけ、と言いたいところですが、実はほかに、もう一人だけいます。その詳細は次巻でお話しますね。)

最高神・天照大御神は太陽の象徴でもあります。

皇祖神とされる天照大御神は帝皇日嗣百三十二代です。

天照大御神

© 久松文雄

『古事記』に登場した最初の神・天御中主神が帝皇日嗣初代でした。初代から数えて天照大御神まで百三十二代。実に多くの神々が登場していることを改めて実感します。

天照大御神の名もまた世襲名です。特定の一柱《ひとはしら》（一人）を指すわけではありません。幾柱《いくはしら》（何人）かにわたって、代々受け継がれてきたのです。

初代の天照大御神は多分、旧約聖書などと同じ年代でしょう。そして、最後の天照大御神の時代はかなり最近と言えます。

そうです。天照大御神も、この地上を歩いていた現実の存在です。ちょうど地の伊弉諾神・伊弉冉神がこの日本に存在したのと同じように。

## 月夜見命の正体

次に生まれたのはツクヨミノミコトです。

『古事記』では「月読命」と記されます。

『帝皇日嗣』ではツクヨミノミコトと呼ばれる神は三柱いて、それぞれ表記が月弓命、月読命、月夜見命と異なります。

伊勢《いせ》神宮内宮別宮《じんぐうないぐうべつぐう》　月夜見宮《つきよみのみや》

ツクヨミノミコトはこの三神が合体した神です。合体した神の名は月夜見命です。

それぞれのツクヨミノミコトは、三日月の月弓命が力、軍事力、軍事の神、新月の月読命が暦の神、そして、満月の月夜見命が夜を治める神です。

月夜見命は三神いると言ったばかりですが、本当はもっと大勢います。月の満ち欠けを思い浮かべてみてください。新月、三日月、満月以外にも上弦の月、下弦の月、十六夜月《いざよいづき》、立待月《たちまちづき》、寝待月《ねまちづき》、などなど。月の満ち欠けの数だけ、月夜見命はいるのです。

そして、それぞれの月夜見命の一つ一つの氏族がどんどん分かれていきます。

月夜見命は『古事記』でも、この三貴子誕生の場面以外には表立って登場していませんし、子孫も登場しません。三貴子のほかの二人と比べるとずいぶんと様子が違います。

なぜ、そのような扱いなのかというと、口伝によれば、月夜見命は外国に行ってしまったからなのです。

月夜見命はある事情（実は人を殺めてしまった）から大八島国（日本）には居づらくなってしまいました。そこでまず中国大陸に渡り、そののち、モンゴル高原に行き、月氏国《げっしこく》と呼ばれる国を作りました。

さらに、付け加えておくと、月氏国を作った月夜見命の子孫が、そこで揉め事を起こしたので月氏国を離れ、インドに行き、大月氏国《だいげっしこく》を作り、これがクシャーナ朝につながっていきました。

インドにまで行った月夜見命の子孫に釈迦がいたとも伝えられています。

なぜ、口伝でそうしたことが言われているかというと、日本に帰ってくる人たちがいて、その人たちが報告をもたらしているからです。

第一章で、あらゆる宗教が古神道なのだといいました。

釈迦が月夜見命の子孫だとわかれば、仏教が古神道だというのはごく自然なことです。

月夜見命の子孫のうち、軍事力の神である月弓命、三日月の月弓命が中近東に多く行ったのだと思います。実は須佐之男命も一時、中近東に行っていたという話もありますが。

## 須佐之男命はなぜ泣くのか

三貴子の最後に生まれたのが須佐之男命です。

伊弉冉神が死んだのは迦具土神《カグツチノカミ》を産んだときの火傷がもとでした。その迦具土神は霊体の一部である荒魂を、父である伊弉諾神に斬られましたが、死んだのではなく生きていて、須佐之男命に降りたということも書きました。

迦具土神が須佐之男命だとわかれば、黄泉の国にいってしまった母、伊弉冉神に会いたいと、大人になってからも周囲を憚《はばか》ることなく、あれほど泣きわめいてばかりなのも当然でしょう。

## 天照大御神と須佐之男命の誓約《うけい》

須佐之男命は海を治めるという大事な役目を果たすどころか、毎日毎日「母が恋しい、母に会いたい」の一点張りです。とうとう、伊弉諾神は須佐之男命に、そんなに母に会いたいなら好きにするがいいと、須佐之男命を追い払ってしまいました。

須佐之男命は亡くなった母がいるところに行こうとします。

板絵《いたえ》著色《ちゃくしょく》神像《しんぞう》　伝《でん》素盞嗚尊《すさのおのみこと》

これは、天上界から降りている須佐之男命が、同じように降りてきている母・伊弉冉神に会いに行きたがったことを表しています。死んでしまった母がいるのは、根之堅洲国《ねのかたすくに》と『古事記』では書かれています。

伊弉冉神はこのとき、どこに降りていたかというと、白頭山《はくとうさん》（現在の中国吉林省と朝鮮民主主義人民共和国の国境にある山）です。

ここに降りた伊弉冉神は白山菊理媛《シラヤマククリヒメ》と呼ばれています。白山菊理媛の名前は祝詞にしか登場しない、本当は正体を明らかにしてはいけない神なのです。

実際、須佐之男命は朝鮮半島にも出かけています。しかし、そのことは『古事記』に書かれていません。

須佐之男命の朝鮮半島行きに付随する話で、やはり『古事記』には記されていないことを付け加えておきましょう。

須佐之男命が朝鮮半島に行ったとき、一男・五十猛命《イタケルノミコト》が一緒に行っています。須佐之男命は五十猛命をかわいがっていて、お気に入りの息子だったようです。

五十猛命は、このとき朝鮮半島で植物を集め、持ち帰り、日本全国に植えていったと言われます。そうしたこともあって、植物の神にされているのです。

須佐之男命が朝鮮半島に行くのはのちの話で、母・伊弉冉神に会いに行く前に、姉である天照大御神に暇乞《いとまご》いをするため、高天原に出かけて行きました。

天照大御神は須佐之男命が何か良からぬことを企んでいるのではないかと考え、物々しい姿で迎えました。須佐之男命は母に会いに行く前に暇乞いに来ただけだということを告げます。しかし、天照大御神は

「お前は口ではそう言うけれど、本当にお前の心が清らかなことを、どうしたら知ることができよう？」

と信じてくれません。そこで、須佐之男命は

「それでは二人が、それぞれ、神に誓《ちかい》を立ててうけいをすることに

しましょう。二人がそれぞれ子供を生んで、その子供によって、私の心が清らかであるかどうか、神意を判断することにしたらどうでしょうか？」

と提案しました。

「うけい」とは、このように何かの吉凶《きっきょう》や真偽《しんぎ》を誓約して、神意による判断を仰ぐことです。熱湯の中から小石を拾う盟神探湯《くかたち》もうけいの方法です。この場合は、須佐之男命の心が清らかであるかどうかを、盟神探湯ではなく、子供を生むことによって占う、というわけです。

こうしていよいよ、天の安河《あまのやすのかわ》をはさんで、天照大御神と須佐之男命が対峙《たいじ》し、儀式が始まりました。

まず、天照大御神が須佐之男命の十拳剣《とつかつるぎ》を受け取ります。

『古事記』は天照大御神が須佐之男命の剣からどのように子を生み出したのかを記しています。

初めにアマテラス大御神が、弟君の帯びていた、長さ十握《とつかみ》もある十拳剣《とつかつるぎ》を貰《もら》い受けると、これを三段に打ち折った。そして緒《お》に貫《つらぬ》いた玉飾がきららかな音色を発している間に、河のほとりに掘った天之真名井《あめのまない》の清冽《せいれつ》な井戸水を、三つに折った剣《つるぎ》にそそいで洗い清め、これを口にして嚙《か》みに嚙んだ。その上でふっと吹き出すと、口から洩《も》れた息が霧となって、そこに現われた神の名は、河の早瀬を示す多紀理毘売命《タキリビメノミコト》、その別名は奥津島比売命《オキツシマヒメノミコト》と言う。次に市寸島比売《イチキシマヒメノ》命《ミコト》、別名は狭依毘売命《サヨリビメノミコト》と言う。次に多岐都比売命《タギツヒメノミコト》。

天照大御神が須佐之男命の剣から生んだのは三柱《みはしら》の女神でした。第一女が多紀理姫命《タギリヒメノミコト》、第二女が狭衣姫命《サヨリヒメノミコト》、第三女が多岐津姫命《タキツヒメノミコト》です。このとき生まれた三柱の女神たちは宗像三神《ムナカタサンシン》と呼ばれ、宗像神社《むなかたじんじゃ》（福岡県宗像郡）の御祭神として祀られています。

口伝では三柱の女神に降りたのが、オリオン座の三つ星と伝えられます。

今度は須佐之男命の番です。

須佐之男命は天照大御神の角髪《みずら》に巻いた珠を受け取り、天照大御神と同じやりかたをしました。

すなわち、天の真名井《あまのまない》の清く澄んだ井戸水で珠を洗い清めて、口に入れて噛み、そうしてふっと吹き出したのです。息が霧になり、そこから五柱《いつはしら》の男神が生まれました。

五柱の神の名はそれぞれ、正勝吾勝勝速日天忍穂耳尊《マサカツアカツカチハヤヒアマノオシホミミノミコト》、天穂日命《アマノホヒノミコト》、天津日子命《アマツヒコノミコト》、活津日子命《イクツヒコノミコト》、そして、熊野楠日命《クマノクスヒノミコト》です。

このうちの天忍穂耳命と天穂日命の名は、このあと出雲との関わりのなかでまた登場します。

天照大御神はこのような結果を得て、三柱の女神たちは須佐之男命の剣から生まれたので、須佐之男命の子供であるとしました。また、五柱の男神たちは自分の珠から生まれたので、自分の子供であるとしました。

これを聞いて、須佐之男命は
「我《あ》が心清《きよ》く明《あ》かし。故《かれ》我が生《あ》らす子手弱女《たわやめ》を得つ。此《これ》に因《よ》りて言《まを》さば、自づから我《あれ》勝ちぬ」

「それごらんなさい、私の心は清らかでなんの異心も隠してはいなかった。それゆえ、私の生んだ子供は心のやさしい女の子だったじゃありませんか。うけいをしてみたらこういう結果になったのだから、この勝負は私の勝ちですね。」

と、自分が勝ったと勝手に、しかも一方的に宣言してしまいました。『古事記』の文面で、姉弟による「うけい対決」のように書かれているのは表の意味です。

では、裏の意味とは何か。極秘口伝によれば、この対決とは、天照大御神の氏族と須佐之男命の氏族との戦いでした。

うけいによって天照大御神から生まれたとされる五柱の男神、すなわち、正勝吾勝勝速日天忍穂耳尊、天穂日命、天津日子命、活津日子命、熊野楠日命のうち、とりわけ名前の長い正勝吾勝勝速日天忍穂耳尊は天照大御神の息子ではなく、実は夫です。須佐之男命との戦いに負けて亡くなってしまいました。負けて亡くなったからこそ、逆にこれでもかと名前の中に「勝」の字を三つも入れているのです。そして、残る四柱《よはしら》の神々は、天忍穂耳尊と天照大御神との間の息子たちです。

　天忍穂耳尊は「勝」が三つも入る強そうな名を持ちながら、「天忍《アマノオシ》骨尊《ホネノミコト》」という別名があります。この「骨」が亡くなったことを表しているわけです。『古事記』は天照大御神の亡くなった夫を、子供として記述していたのです。

　うけいの場面で生まれた宗像三神、すなわち、多紀理姫命、狭衣姫命、多岐津姫命は、負けて未亡人になった天照大御神と須佐之男命の間に生まれた女神たちでした。

　このうけいの場面は、天忍穂耳尊が亡くなり未亡人となった天照大御神と須佐之男命の婚姻を描いたものです。古事記では姉弟と描かれていますが、夫婦に近い関係なのです。このとき、須佐之男命に妻はいませんでした。死んでしまっていたのです。

　須佐之男命は天照大御神のことが大好きになってしまいました。

天照大御神と須佐之男命が姉弟関係と言われるのは、遡れば先祖が同じ一族だからです。

　このとき生まれた宗像三神の女神たち、多紀理姫命、狭衣姫命、多岐津姫命の三柱の女神たちは、正真正銘、天照大御神と須佐之男命の間の子供たちです。

それも、天照大御神と須佐之男命が一番仲の良かった、蜜月期間に生まれた子供たちなのです。

## 荒ぶる須佐之男命

うけいに勝った勢いで、須佐之男命はこれでもかと荒々しく振る舞います。

田の畦《あぜ》を埋めて水を引けないようにしてしまうわ、神聖な祭儀の御殿に糞をまき散らすわ、挙げ句の果てには天照大御神の忌服屋《いみはたや》と呼ばれる、神の衣を織る神聖な機織りの場所に皮を剥《は》いだ馬を投げ入れたりするわと、その暴れようはとどまるところを知りません。

この場面に描かれていることはさまざまなことを伝えています。

まず、田に水を通す畦があったということは、水田耕作のシステムがすでに作られていたことを示唆《しさ》しています。

つまり、農業が発達していたのです。農業には暦が絶対に必要ですから、日本ではすでに暦を操ることができていたことがわかります。

また、祭儀を行う神聖な神殿があり、神々にお供えする織物を織っていたというのですから、天照大御神が巫女であったことがわかります。太陽神を拝み、天の天照大御神を降ろすことができる巫女が天照大御神と呼ばれていたということです。天の伊弉諾神と伊弉冉神を地の伊弉諾神と伊弉冉神が降ろす話は前の章でしましたね。天照大御神もそうなのです。

ところで、糞をまき散らすというのは、決して悪いことではありません。糞便はもちろん肥料になるものですから、これもまた神なのです。

伊弉冉神が迦具土神を出産した後、苦しんでいたときに、垂れ流した大便から波邇夜須毘古神《ハニヤスビコノカミ》と波邇夜須毘売神《ハニヤスビメノカミ》が生まれたことは先ほど記したとおりです。

そして、天照大御神は忌服屋という機屋《はたや》（機織り工場）の工場長の役目も果たす、普段は働く、いわゆる、キャリアウーマンだったこともわかります。

天照大御神の機織り工場は神の衣を作るところですから、そこで機織りをする女性（織女《おりめ》）は全員処女でなくてはなりません。

そんな、処女の織女だけが働く天照大御神の機織り工場に、須佐之男命が皮を剥いだ馬を投げ込んでしまった。さらに、それに驚いた織女の陰部に梭《ひ》（機織りで横糸を通すために使う道具で、通しやすいように舟形になっているので両先端が尖っている）が刺さって死んでしまった。

馬は性的なメタファですから、実は何が起こったか、とてもわかりやすい話です。

要するに、織女が須佐之男命と肉体的関係を持ってしまったのでしょう。

これは天照大御神にとっては一大事です。処女でなければならない織女がそうではなくなったのですから。男性と肉体関係をもったら、もう巫女ではいられなくなってしまいます。神の衣を織ることも、もうできません。

天照大御神は高天原の統治を任された最高神の巫女なのに、そのお膝元で織り女が穢されたのです。言うなれば、今の伊勢神宮のような場所で、大不祥事を起こされてしまったことになります。

それまで須佐之男命の乱暴な振る舞いをかばっていた天照大御神も、これには高天原の神々に対して申し訳が立たないと畏れ、天《あま》の岩屋戸《いわやど》に身を隠してしまいました。

## 天の岩屋戸

天照大御神が天の岩屋戸に籠もり、戸を堅く閉ざすと高天原は真っ暗になりました。

太陽神である天照大御神が隠れてしまったのですから、当たり前のことです。太陽が隠れる、つまり、皆既日食です。

皆既日食とは、月が太陽と地球の間に入り、太陽をすっかり隠してしまう現象です。皆既日食がいつ起きるかは、暦でわかります。暦の神である月夜見命は皆既日食が起きる日を知っていたはずです。月夜見命の存在なくしては、皆既日食は起こりません。

太陽神である天照大御神がいなくなると、暗くなるということを教えたのは、月夜見命です。

いくら古神道で「偶然は神」だといっても、暦でわかることを偶然とは呼びません。日本は古代から、太陽神である天照大御神を最高神としてきたのですから、太陽中心です。最初から地動説なのです。

つまり、宇宙論の出発点が正しかったのですから、皆既日食が起こる日も当然わかります。

キリスト教圏がその信仰のために、天動説を採用し、なかなかその誤りを認めず、科学が遅れてどんどん劣化していったのとはまったく違います。キリスト教圏はよって立つべき宇宙論が間違っていたのですから、どうしても大きな回り道をせざるを得ませんでした。

天の岩屋戸のこの場面は、間接的ではあるものの、月夜見命が三貴子誕生のあとに登場した数少ない場面でもあります。

真っ暗になった高天原には大勢の神様たちが集まってきていました。

是《ここ》を以ち八百万《やほよろづ》の神、天の安の河原に神集《かむつど》ひ集《つど》ひて

この大事件を協議するために、八百万《やおよろづ》という数の神々が天安河《あめのやすのかわ》の

河原にしぜんに集まりきたって、ここに会議を開いた。

と『古事記』に書かれています。

神様たちは天の安河の河原に集まり、どのようにすれば、天の岩屋戸から天照大御神が出てきてくれるだろうかということを話し合いました。思金神《オモイカネノカミ》が提案した謀《はかりごと》にしたがい、準備万端整ったところで、天鈿《アメノウズ》女命《メノミコト》が神楽舞いをします。それを見て、八百万の神々は大いに笑い合いました。その笑い声は高天原を揺るがすくらい大きなものでした。

天照大御神は神々のあまりにも大きい笑い声を不審に思い、天の岩屋戸の戸を細めに開けます。天照大御神が、何が起きているのかを尋ね、差し出された鏡をよく見ようとしたとき、隠れて待ち構えていた天手《アメノタ》力男神《ヂカラオノカミ》が、天照大御神の手を取って岩屋戸の前に引き出したのです。

このとき、天手力男神が天照大御神を強引に引き出したから、この世から暴力がなくならず、未だに残ってしまうことになったという解釈がある一方で、そうしたからこそ太陽が復活して、よかったのだという解釈があります。

物事のパワーというものが良いか、悪いかは解釈次第ということです。とにもかくにも、天照大御神が戻ったことで高天原は明るさを取り戻しました。

## 須佐之男命の追放

神々はさらに会議を開き、須佐之男命を高天原《たかあまはら》から追放することを決めました。

そのときのことが『古事記』にはこのように記されます。

是《ここ》に八百万の神共《とも》に議《はか》りて、速須佐之男命に千位《ちくら》の置戸《おきと》を負《お》ほせ、また鬚《ひげ》と手足《てあし》の爪《つめ》とを切り、祓《はら》へしめて、神《かむ》やらひやらひき。

事件の原因となったハヤスサノヲノ命《ミコト》を処罰することが残っていたので、八百万《やおよろず》という数の神々が集まって、会議を開いた。その結果、スサノヲノ命が犯した重い罪を清めるために、千の座《くら》の上に罪を贖《あがな》う［金品で罪をつぐなう］品物を載《の》せて、差し出すように命じた。

それでもなお罪を清めるには充分でなかったので、その鬚《ひげ》を切り、手足の爪《つめ》をも抜いてしまって、さらに高天原《たかまのはら》から追い払ってしまった。

罪を贖《あがな》う方法として、須佐之男命の髪も切り鬚《ひげ》も切ったのでしょう。霊力の源を断つという意味があります。髪も髭も切ってもまた生えてくることから、霊力の源と考えられているからです。

さらに、手足の爪を抜いたという描写は怖い書き方です。でも、これは少し大袈裟《おおげさ》に書いただけのことだと思います。

須佐之男命の処罰方法も神々の会議での合意で決められました。

高天原では、何かがあると神々が「集いに集いて」会議を開き、最善策を話し合います。日本は神代の時代から民主主義を実践している国なのです。

『古事記』では、神々のそんな会議が開かれる場所が「天の安河」だと記されます。

「天の安河」がどこなのかには諸説あるようで、たとえば、滋賀県最大の川と言われる野洲《やす》川もそう考えられている川の一つです。

しかし、「天の安河」は特定の地名ではなく、いくつもそう呼ばれたところがあると思ったほうがいいでしょう。

つまり、川に神を降ろすので、神を降ろしたそこが「天の安河」なのです。ですから、すべてが「天の安河」である可能性さえあります。「天の安河」は「禊ぎをするための川」「禊ぎをするための場所」を意味する言葉です。

## 大宜津比売神《オオゲツヒメノカミ》の秘密

追放された須佐之男命は、食べ物を司る神・大宜津比売神のところに寄り、食べ物を出すように言います。大宜津比売神が食べ物を用意する様子と、そのとき何が起きたのかを『古事記』はこう記します。

大気都比売、鼻《はな》・口《くち》と尻《しり》より、種々《くさぐさ》の味物《ためつもの》を取り出だして、種々《くさぐさ》作り具《そな》へて進《たてまつ》る時に、速須佐之男命《はやすさのをのみこと》、其《そ》の態《わざ》を立ち伺《うかか》ひて、穢汚《けが》して奉進《たてまつ》ると為《おも》ひ、其の大宜津比売神《おほげつひめのかみ》を殺したまふ。

オホゲツ姫はその鼻、その口、その尻《しり》からいろいろの食べものを取り出し、こうした材料を種々塩梅《あんばい》して作りあげたごちそうを、スサノヲに差し出した。しかし怪しんだスサノヲは、姫のなすところをこっそり立ち見して、これはわざと穢《きたな》いものを自分に食べさせるつもりなのかと考え、たちまち乱暴な心が起こって、オホゲツ姫を殺してしまった。

須佐之男命が大宜津比売神を殺したというのは、婚姻を意味します。しかし、実際に大宜津比売神と関係を持ったのは、須佐之男命ではなく、月夜見命だと伝えられています。

オオゲツヒメノカミという名前をよく見てください。「大月」が隠れていますね。月夜見命との関係を隠していることがわかります。

大宜津比売神と関係を持ったのが須佐之男命だと言われながら、実は月夜見命だというようなことからも、須佐之男命と月夜見命が同じ一柱の神だと考える、いわゆる、同一神説が出てきますし、悪いことはなんでも須佐之男命の仕業にし、悪い奴は須佐之男命にしておけばいいと考えられていたこともうかがわれます。

ところで、大宜津比売神が登場するのは、この場面が初めてではありません。伊弉諾神と伊弉冉神の国生みのところで

> 粟国《あはのくに》を、大宜都比売《おほげつひめ》と謂ひ

> 粟《あわ》の国［阿波の国、今の徳島県］を、粟を産する国を女性化した大《オホ》宜都比売《ゲツヒメ》と言い

と語られていました。

なぜ、大宜都比売神が四国に関係が深いのかというと、大宜都比売神が四国に流罪《るざい》にされたからです。流罪になったのは、須佐之男命（本当は月夜見命）と関係したためです。

話をもう一度整理しましょう。

大宜都比売神に関係する話は『古事記』の中で前後しています。

すなわち、国生みの話が先に語られ、阿波の国を大宜都比売神と呼ぶ

ということだけがまずわかります。その理由が流罪になったからだというのはもちろん表面的には書かれていません。

そのあとで、流罪の原因になった事件が描かれるのです。阿波の国を大宜都比売神と呼んだのは、時系列の前後を変えて、後付したわけです。

このように、時間と次元がズレることがあるのは、そこに神を降ろすからです。

殺されたとされ、一度死んだ大宜津比売神の、頭には蚕《かいこ》、目には稲、耳には粟《あわ》、鼻には小豆《あずき》、陰部には麦、尻には大豆《だいず》がなり、五穀《ごこく》の起源が同時に記されます。

死と死からの再生がはっきりと書かれていることがわかります。

物語に姿を借りて、古神道の奥義《おうぎ》が示されているのです。

## 八俣《やまた》の大蛇《おろち》

須佐之男命は高天原から追放され、出雲の国の肥川《ひのかわ》の上流にある鳥髪《とりかみ》という土地に降り立ちました。

須佐之男命は川上から箸《はし》が流れてくるのを見て、上流に人が住んでいるにちがいないと判断し、そちらに向かいます。

川上まで来てみると、年老いた両親とともに一人の娘が嘆き悲しんでおりました。

須佐之男命が名を問うと、老夫婦は夫が大山津見神《オオヤマツミノカミ》の子で足名椎《アシナヅチ》、妻は手名椎《テナヅチ》、娘は櫛名田姫《クシナダヒメ》と名を告げます。

さらに、泣いているわけを尋ねると、毎年、高志《こし》に住む八俣《やまた》の大蛇《おろち》がやってきては娘を一人ずつ食べるのだといいます。八人いた娘が、あとは櫛名田姫一人を残すだけとなってしまい、今年はその櫛名田姫が食べられる番だといって泣いていたのです。

須佐之男命が八俣の大蛇がどのようなものなのかを尋ねると

「彼《そ》の目は赤かがちの如《ごと》くして身一つに八頭《やかしら》・八尾《やを》有り。また其の身に蘿《ひかげ》と檜榀《ひすぎ》生《お》ひ、其の長《たけ》は谿八谷《たにやたに》・峡八尾《をやを》に度《わた》りて、其の腹を見れば、悉《ことごと》く常《つね》に血に爛《ただ》れたり」

「この大蛇は、目は真赤な酸漿《ほおずき》のようで、一つの身体《からだ》に、頭が八つ、

板絵《いたえ》著色《ちゃくしょく》神像《しんぞう》　伝《でん》稲田《いなた》姫命《ひめのみこと》
（櫛名田姫）

尾が八つもございます。またその胴体には苔《こけ》が蒸《む》しており、さらには檜《ひのき》や杉なども生えております。その長さは八つの谷、八つの山峡《やまあい》を這《は》いわたるほどで、その腹を見れば、不断に血が流れ出して血膿《ちうみ》のようにただれている、まったく恐ろしい怪物でございます。」

と父親の足名椎が答えました。

これを聞いて、須佐之男命は八俣の大蛇の退治と引き換えに、櫛名田姫を妻に欲しいと言います。老夫婦がまだ名前も聞いていないことを告げると、須佐之男命は改めて名乗りました。

天照大御神の弟、須佐之男命だということがわかると老夫婦は畏《おそ》れ多いことと言いつつ、須佐之男命に櫛名田姫を差し上げることに異存がないことを伝えます。

須佐之男命は櫛名田姫を霊力で櫛に変え、自分の髪の中に隠し、八俣の大蛇退治の準備にとりかかりました。

老夫婦に命じて、八塩折《やしおおり》の酒をたっぷりと造らせました。八塩折の酒とはとても強い酒のことです。

次に、家の周りに垣根をめぐらせ、八つの門を作り、その門の一つ一つに八塩折の酒をなみなみと入れた酒槽《さかぶね》を置きました。ちなみに、話題になった日本の映画『シン・ゴジラ』での作戦名「ヤシオリ作戦」は、きっとここから名づけられたのでしょう。なかなか粋なネーミングでした。

八俣の大蛇を迎え撃つ準備は万端です。

八俣の大蛇は聞いていたとおりのおどろおどろしい姿で現れ、やってくるやいなや、用意してあった酒を飲み干します。さすがの大蛇も強い酒に、たちまちのうちに酔いがまわり、その場に眠り込んでしまいました。

すかさず、須佐之男命は大蛇に斬りかかります。寝ている八つの首を切り落とし、胴を切り刻み、尾を切り離します。

中ほどの尾を切り離したときに何かにあたったのか、手にしていた太刀の刃がこぼれてしまいました。怪しんで太刀の先で尾を切り裂いてみると、なんと、立派な太刀が隠れていたのです。

須佐之男命はその太刀があまりにも立派なものなので、天照大御神に献上しました。これが、のちの世に草薙剣《くさなぎのつるぎ》と名づけられた太刀で、三種の神器《じんぎ》の一つです。

八俣の大蛇とは、いったい何者なのでしょうか。

『古事記』の中でも、櫛名田姫の父・足名椎が八俣の大蛇の本当の名前を「高志《こし》の八俣の大蛇」だと言っています。

高志とは、高志の国のことで、のちの越前、越中、越後のことです。高志の国には八つの川があり、大蛇とは、その八つの川のリーダーたちのことを指しています。川を支配する人々というのは日本にはこのように昔からいました。のちにサンカと呼ばれる、独自の統治機構を作り、戸籍に乗らない人々です。

須佐之男命が高志の八俣の大蛇を退治したというのは、高志の国（越の国）の八人のリーダーを制し、高志の人たちを統治したことを意味しているのです。

もう少し高志について話しておきましょう。

高志の国は、今の新潟県糸魚川《いといがわ》市を流れる姫川《ひめかわ》でとれる翡翠《ひすい》で当時の諸外国と交易をしていました。

当時の姫川で取れた翡翠が、現代でいう旧ソ連や中国からも見つかっていて、かなり広い範囲に翡翠が渡っていたことがわかります。

翡翠の文化圏が、すなわち日本海の文化圏でした。日本海側はよく「裏日本」などと呼ばれますが、当時はむしろ、日本海側のほうが交易の拠点であり、表です。

その交易を行う港を握っていたのが、越中の国（今の富山県）です。姫川もかつては越中に組み入れられていました。

八俣の大蛇も越中にいたようです。

八俣の大蛇と称されるような、八人の王を治められるのは巫女しかいません。

巫女王《みこおう》のような形で統治していたのが、沼河姫命《ヌナカワヒメノミコト》でした。

八俣の大蛇を退治し、櫛名田姫を得たのち、須佐之男命は新しい宮殿を建てるための土地を求め、出雲の国を探してまわっています。

ようやく、それにふさわしいと思われる土地にやってきたとき、須佐之男命が「この地に来て、私の心はすがすがしい」と言ったので、以来、そこは「須賀《すが》」と呼ばれるようになりました。
須佐之男命が須賀の地に宮殿を建てたとき、妻・櫛名田姫に歌を贈ります。その歌がこれです。

八雲《やくも》立《た》つ　出雲八重垣《いづもやへがき》
妻籠《つまご》みに　八重垣作《やへがきつく》る
その八重垣《やへがき》を

八重に雲は立ちのぼる。その名も出雲の国に、雲は立ち、八重の玉垣をなして私の宮殿を取り囲む。私はいま妻を得て、この宮殿を建てるのだが、私と妻とを閉じこめるように、雲は立ち、八重の玉垣をつくる。ああ雲は、八重の玉垣をつくっている。

# 第五章　神代から日嗣の皇子へ

## 大国主命《オオクニヌシノミコト》と国作り

### 神々の駆け落ち

須佐之男命《スサノオノミコト》は出雲に宮殿を建て、この地を統治しました。

須佐之男命には何人も子供がいます。櫛名田姫《クシナタヒメ》との間に生まれた八嶋士奴美命《ヤシマジヌミノミコト》が長男です。

子供が何人もいるなかで、末の子が須勢理姫命《スセリヒメノミコト》でした。出雲《いずも》の国は末子相続《まっしそうぞく》といって、兄弟で一番下に生まれたものが跡を継ぎます。須勢理姫命は女の子でしたが、須佐之男命の一番下の子供なので、須佐之男命の跡継ぎです。

この、須佐之男命の跡継ぎ、須勢理姫命と結婚したのが大国主命《オオクニヌシノミコト》です。

大国主命は実に謎の多い人です。

はっきりしていることは、大国主命が須勢理姫命の結婚相手になったということです。

そして、間違いなくわかっていることは、大国主命がどこの誰なのかもわからない、どこから来たのかもわからない人だったということです。あとで話しますが、大国主命と猿田彦神《サルタヒコノカミ》は、『古事記』で語られる神々の中で、まったく出自がわからない双璧です。おそらく、外国から来た人だと思われます。ユダヤ人である可能性が高い人です。

『古事記』では、大国主命を須佐之男命の系譜として、八嶋士奴美神から数えて六代目の子孫として載せています。苦労して載せたようですが、これにはかなり無理があります。なぜなら、大国主命自身は須佐之男命と血のつながりがないからです。

謎といえば、大国主命は名前からして謎です。

大国主命は名前がいろいろ変わり、多くの名で呼ばれることがあります。

そのなかで、「オオクニヌシ」というのは官職名で、たとえば「内閣総理大臣」と呼ぶようなものです。

大国主命は若いころ、大己貴命《オオナムヂノミコト》と呼ばれていました。多分、それが一番正しい名前だと思います。

この本でも、須勢理姫命と結婚する前を大己貴命、須勢理姫命と結婚してからを大国主命と区別して呼ぶことにします。

まだ大己貴命と呼ばれていたころ、八十神《やそがみ》といわれるくらい多くの神々にずいぶんといじめられます。『古事記』では、八十神たちは大己貴命の異母兄弟の設定になっています。しかし、大己貴命がどこの誰なのかわからない人だと考えると、八十神たちが大己貴命をひどくいじめるというのも納得がいく話です。

あるとき、八十神たちが稲羽《いなば》の国にいる、美しいと評判の八上姫命《ヤガミヒメノミコト》を嫁に迎えようと出かけます。八十神たちに命令され、大己貴命は荷物持ちとして、大きな袋を肩にかけ稲羽の国に向けて同行します。

有名な「稲羽《いなば》の素兎《しろうさぎ》」の話は、稲羽の国・気多岬《けたみさき》でのエピソードです。

八十神たちは背中の皮が剥け、真っ赤になって苦しんでいる兎を見つけ、嘘の治療法を教えます。兎が教えられたとおりに、海水に浸かり、潮風に吹かれてみましたが、治るどころか、悪化してしまいました。そこに通りかかって、兎を助けたのが大己貴命です。

大己貴命は兎に真水で身体をよく洗い、蒲《がま》の穂の花粉をつければ治ると教えます。いわれたとおりにしてみると、今度は白い毛が生えて、元の素兎になりました。

傷が癒《い》えた素兎は、大己貴命との別れ際に、八上姫命を嫁にするのは大己貴命であり、八十神たちではないことを告げます。果たして、結末は素兎のいったとおりになりました。

稲羽の素兎の話にも、いろいろと読み取れることがあります。

この話は、実は、女性（稲羽の素兎）が乱暴されていたのを大己貴命が助けたという話なのです。

そして、大己貴命には「蒲の穂の花粉を使う」という薬学の知識があったことを伝えています。このような薬学の知識があったことも、大己貴命が外国人であろうと考える根拠の一つです。

八十神たちは、八上姫命が大己貴命と結婚すると決めたと聞いて、まったく納得できません。それどころか、大己貴命さえいなければ、八上姫命は自分たちのうちの誰かと結婚するはずだと考え、大己貴命の命を狙う計画を立てます。

出雲国へ帰る途中の伯岐《ほうき》の国の手間山《てまのやま》にやってきたとき、大己貴命は八十神たちに騙《だま》され、殺されそうになりました。

八十神たちが大己貴命に、山の上から赤いイノシシを追い落とすから、山の麓で捕らえよと命令します。大己貴命は山の麓《ふもと》でイノシシを捕まえようと待ち構えていました。そこへ転がり落ちてきたのはイノシシではなく、真っ赤に焼けた大きな石だったのです。

このとき『古事記』では大己貴命は石に焼かれて死に、神皇産霊神《カミムスヒノカミ》の助けで生き返ったことになっています。大己貴命がここで一度死んだことにしなければ、八十神たちの怒りは収まらず、収拾がつかなくなるからです。けれども、大己貴命は死んではいません。

大己貴命はこのあとも、いろいろな目に遭わされます。

大己貴命は刺国若姫命《サシクニワカヒメノミコト》の助言を得て、難を逃れるべく、木の国（今の和歌山県）に向かいます。

そのとき、木の国（紀の国）を実際に支配していたのは、須佐之男命の二男・五十猛命《イタケルノミコト》です。木の国は、いわば、五十猛命が須佐之男命の代行をしている場所です。

大己貴命は五十猛命を頼り、助けてもらうために木の国に行きます。

大己貴命と五十猛命は仲が良かったのです。

五十猛命は父親である須佐之男命とも一緒に朝鮮半島まで行くくらい仲がいい親子でした。

『古事記』では大己貴命が木の国を通って、根之堅州国を訪ねます。須勢理姫命に会った瞬間に夫婦の誓いを交わしたと描かれます。須勢理姫命は大己貴命のことが大好きだったようです。

最初、大己貴命は蛇やムカデがいる部屋に通され、須佐之男命に試されます。須勢理姫命の助けを得て、蛇やムカデをおとなしくさせることができ、事なきを得ました。

蛇やムカデは古墳を守るために、本当に使われていました。生きたバリアです。

『古事記』でも、聖域を守る象徴として描かれています。

マムシの古名は「たじひ」です。

代々マムシを扱う人のことを多治比真人《たじひのまひと》といいました。

大己貴命が聖域を守るものたちをおとなしくさせたということは、そこを治めるものたちを従えることに成功したことを物語っています。

次に、大己貴命は須佐之男命が放った鏑矢《かぶらや》を探しに野原に出たところで、須佐之男命の放った火に包まれます。今度こそ絶体絶命かと思われたそのとき、ネズミが現れ「内はほらほら、外はすぶすぶ」と教えてくれました。

その言葉のとおり、外はすぼんでいるけれど、地面の内には洞《ほら》ができていて、がらんどうになっているところに入り、火をやり過ごすことができ、助かったのです。

これは、そうした呪文があるのを伝えるためのエピソードです。たまたま大己貴命がいた場所の下が洞になっていたわけではありません。ネズミが教えてくれた呪文の言霊《ことだま》で、そこに洞ができて助かったのでした。ネズミは呪文を伝える神官を表しています。

大国主命と須勢理姫命は駆け落ち同然だったと言っていいでしょう。でなければ、須佐之男命が激怒し、跡取りの須勢理姫命の結婚相手に次々と無理難題をふっかける理由がわかりません。

これではたまらないとばかりに、大己貴命と須勢理姫命が須佐之男命のもとから逃げるようすが『古事記』にこう記されます。

尓《しか》して其の神の髪《かみ》を握《と》り、其《そ》の室《むろ》の椽毎《たりきごと》に結《ゆ》ひ着けて、五百引《いほびき》の石《いは》を、其の室の戸に取り塞《さ》へ、其の妻《め》須世理毗売を負《お》ふ。其の大神の生大刀《いくたち》と生弓矢《いくゆみや》と其の天《あめ》の沼琴《ぬごと》を取り持ちて、逃げ出でます時に、其の天の沼琴樹《き》に払《ふ》れて地動《つちとよ》み鳴りき。

この間に、アシハラシコヲは大神の髪の毛を取って、それを幾筋にも分けると、室の垂木《たるき》という垂木にしっかとくくりつけた。そのうえ、五百人力でやっと動くほどの大岩を、その室の前まで引きずってきて、入り口をふさいだ。そこで妻のスセリ姫を背中に負い、大神の持ち物である生大刀《いくたち》生弓矢《いくゆみや》、それに天詔琴《あめののりこと》という、神意を聞くための大事な琴をまで手に持って、逃げ出した。ところがあわてたはずみに、その琴が樹に触れて、大地が地震のように揺れ動いた。

大己貴命と須勢理姫命の大脱出です。
アシハラシコヲと、大己貴命の別名で記されています。
須佐之男命の大事なものを盗んで、須勢理姫命を背負って逃げるときに、眠っている須佐之男命の髪の毛を垂木にくくりつけているのです。

これは大袈裟な表現ではなく、本当にくくりつけたようです。

天の沼琴の音で目を覚ました須佐之男命は二人を追ってきました。根之堅州国の境を越えて逃げてゆく二人を見て、須佐之男命は大己貴命に、大国主命と名乗って自分の跡を継げと命令します。

須佐之男命の命令どおり、大己貴命は大国主命を名乗り、須勢理姫命を娶《めと》って出雲を治めました。

大恋愛の末に結ばれたはずなのに、大国主命は〝浮気王〟とでも言いたくなるくらいの振る舞いでした。須勢理姫命の嫉妬も並大抵のものではなかったようです。

大国主命は稲羽の素兎が言ったように、稲羽の国の八上姫命とも結婚しました。しかし、八上姫命は須勢理姫命の嫉妬に耐えかねて、自分が生んだ御子を残して稲羽の国に帰ってしまったほどです。

『古事記』はこのあと、「神語《かみごと》」（かむがたり、ともいう）と呼ばれる、五つの歌を記しています。それらは、大国主命が高志の国の沼河姫命《ヌナカワヒメノミコト》を妻にしようと訪ねて行ったときに贈りあった歌や、大国主命が須勢理姫命との間に交わした歌などです。

『古事記』で、大国主命は正妻の須勢理姫命をはじめ、六人の妻を娶ったことになっていますが、おそらく六人ではおさまらない数の妻がいたと考えられます。

なぜそう考えるかというと、客人《マレビト》は神であるとする、マレビト信仰があり、マレビトには巫女を捧げるという風習があるからです。

大国主命は異邦人であった可能性が高いと指摘しましたが、文字どおりのマレビトだったわけです。

マレビトである大国主命には多くの巫女が捧げられたと考えるのが自然でしょう。大国主命は多くの子孫を残し、『古事記』はそれを記録しています。

**少名毘古那神《スクナビコナノカミ》**

大国主命は子作りだけでなく、出雲の国で国作りにも励みます。

そんなある日、大国主命が出雲の国の御大《みほ》の御崎《みさき》にいたとき、海の向こうから小さな神がやってきました。

この小さな神が誰なのか、誰も知りません。

そこで、山田の中に一本足で立っている案山子《かかし》の久延毘古《クエビコ》に尋ねてみると、その小さな神は神皇産霊神の御子で少名毘古那神だということがわかりました。

少名毘古那神は大国主命より少しばかり年上だからでしょうか、少し生意気に振る舞います。とてつもなく頭が切れる神様だから、というのも理由でしょう。

大国主命と少名毘古那神は兄弟になり、出雲の国作りをともに進めることになりました。

少名毘古那神は知恵の塊のような神です。

大規模な治水工事で、上下水道や農業用水、川や水路を整備するきわめて進んだ土木技術を持っていました。川の流れを変え、水運を整え、上水道を作り、農業に不可欠な水路を整備することもできたのです。

いつの時代も、どの場所でも水を支配するものが、統治者としての権力を持つことになります。大国主命は少名毘古那神の知恵と協力を得て、水を支配しました。

治水だけではありません。少名毘古那神の知恵と技術は、都市計画を立てて新しい都市を作ることを可能にしました。出雲に大国主命の名前が示すような大国《おおくに》ができたのです。少名毘古那神がいなければ、いくら大国主命とはいえ、為し得なかった一大事業です。

少名毘古那神と大国主命はある意味とてもいいコンビでした。それは互いの名前にも現れています。

少名毘古那神の「少」は小《しょう》と同じような意味で、身体は小さいが知恵が詰まっていることを表しています。それとは対照的に大国主命の「大」は力は強いけれど、それに見合う知恵が備わっていないことを示唆します。

互いに補い合う関係だったのです。

少名毘古那神はどこからやってきたのでしょうか。

多分、漂流していて、御大の御崎に流れ着いたと考えられます。おそらく、海の路を船で来たのでしょう。

とはいうものの、朝鮮半島や中国から来たのではなさそうです。近隣のそうした国からやって来たのであれば、もう少し詳細が書かれそうなものですが、それがありません。

名前さえ本名は他にあるはずですが、それも伝えられていません。

少名毘古那神に関して記されていることは、背が低く、大国主命に米の生産につながる技術や知識などを伝授しているということだけです。

こうしたことから、今でいう東南アジアからやって来た人ではないかという説もあります。

少名毘古那神は出雲で、持てる知識のすべてを大国主命に授けてくれたからでしょうか。国作りがまだ終わらないうちに、ふたたび海の向こうに去っていきました。

少名毘古那神が授けてくれたような知識が、当時の日本になかったのは、日本が劣っていたとか遅れていたというよりも、気候が温暖で、食物にも恵まれていたことが大きいでしょう。周りが海で海産物も豊富ですから、努力しなくても、楽に、楽しく生きていける所でした。

少名毘古那神が去ってからも、大国主命は出雲の国作りに励みました。

## 国譲り

### 武甕槌神《タケミカヅチノカミ》の派遣

天照大御神《アマテラスオオミカミ》は高天原から大国主命が出雲で国作りを進めているのを見ていて、この国を自分の子供に治めさせようと考えました。

天照大御神は自分の子供たちを次々に遣わし、大国主命に出雲の国を譲ることを要求していきます。

『古事記』では最初に遣わそうとしたのが天忍穂耳尊《アメノオシホミミノミコト》ということになっていますが、実は天照大御神の子供ではなく夫で、須佐之男命との戦いで亡くなったことはすでに述べたとおりです。

天照大御神が思金神《オモイカネノカミ》と八百万の神々に相談し、次に遣わしたのが、天穂日命《アメノホヒノミコト》です。この御子は天照大御神の二男で、もちろん大和の人です。なぜか出雲側の人だとよく誤解されます。

天照大御神は自分の子供たちを遣わしても、なかなか成果がもたらされないので、天の安河に八百万神を集めてまた会議を開きました。

会議の結果、今度は天若彦命《アメワカヒコノミコト》を派遣します。ところが、天若彦命は大国主命に国譲りを迫るどころか、自分が大国主命の娘、下照姫命《シタテルヒメノミコト》と結婚してしまい、大国主命側に取り込まれてしまいました。

遣わされた天照大御神の御子たちは自分の使命を果たせない、あるいは、忘れてしまうくらい、出雲で良い思いをしていたのでしょう。多分、マレビトとして歓待されていたのだと思います。

回り回って、今度は、武甕槌神が天照大御神の使いとして出雲に赴きます。

武甕槌神はかつて、伊弉諾神《イザナギノカミ》が迦具土神《カグツチノカミ》の霊体を斬ったところから生まれた神のうちの一柱です。

### 天鳥船神

天照大御神は武甕槌神に船の神・天鳥船神《アメノトリフネノカミ》とともに行くように言います。

船の神と言われる、天鳥船神とは何なのでしょうか。

これは、船の形のようなものに神が一旦降りたということを示しています。

石や木などを依り代として神が降りるのと同じことです。

実にいろいろなところに、神は降ります。

天鳥船神などは、よくＵＦＯ《ユーフォー》（Unidentified Flying Object の頭文字。未確認飛行物体）と言われたりもします。

物に神が降りるとき、何か一つではなくいろいろなものに降りるので、その中身がよくわからないとＵＦＯというような名前で呼ばれるようになるわけです。

ＵＦＯというと宇宙から地球外生命体が円盤か何かに乗って、飛んできたというようなことが想像されますが、そうではありません。

宇宙から飛来するというのは、こうして神が降りてくることを意味しています。意識体が飛来すると言ってもいいでしょう。

『古事記』はさすがにＵＦＯという言葉は使っていませんが、後世、そのように言われるもののことは認めているわけです。

## 建御名方命《タケミナカタノミコト》と武甕槌神

さて、天鳥船神とともに武甕槌神が出雲に降り立ちました。

大国主命に天照大御神の意向を伝えたところ、大国主命は出雲の国を譲るかどうかの判断を息子に任せると言い、事代主命《コトシロヌシノミコト》をその役目に指名しています。

事代主命は和平派でした。武甕槌神から出雲の国を譲るようにと言われ、これをあっさり承諾します。

武甕槌神が、国譲りの判断を相談する子が他にもいるかと尋ねたところ、大国主命は建御名方命の名を告げました。

建御名方命は武将です。その名に「タケ（建、武）」が入っていることがそれを示しています。武甕槌神もそうです。

武将である建御名方命と武甕槌神が戦いました。建御名方命が敗れ、諏訪《すわ》（長野）まで逃げて行きました。ですから、今も建御名方命は諏訪神社（長野）に祀られているのです。

国譲りの判断を任せた息子二人が、出雲の国を大和に譲ることを決めたので、大国主命もこれを承諾し、次のように言いました。

「僕《やつかれ》が子等《こら》二《ふたはしら》の神の白せるまにまに、僕《やつかれ》違《たが》はじ。此の葦原中国《あしはらのなかつくに》は、命《みこと》のまにまに既《すで》に献らむ。ただ僕が住所《すみか》は、天つ神の御子の天《あま》津日継《つひつぎ》知らしめす、とだる天《あめ》の御巣《みす》の如くして、底《そこ》つ石根《いはね》に宮柱《みやばしら》ふとしり、高天原《たかあまのはら》に氷木《ひぎ》たかしりて治《をさ》め賜《たま》はば、僕は百足《ももた》らず八《や》十坰手《そくまで》に隠《かく》りて侍《はべ》らむ。また僕が子等《ら》百八十神《ももやそがみ》は、八重言代主神、神の御尾前《みをさき》と為《し》て仕《つか》へ奉《まつ》らば、違《たが》ふ神は非《あら》じ」

「子供二人の申しましたとおりに、私もけっして背くことではございません。この葦原中国は、仰《おお》せのままに悦《よろこ》んでさしあげましょう。ただ私の住むところのために、天神《あまつかみ》の御子の、代々御世《みよ》を嗣《つ》ぎ給《たま》うべき天津日継《あまつひつぎ》の、その御膳《みけ》をおつくりする御厨《みくりや》である、煙立ちのぼる、富み足りた、天之御巣《あまのみす》の壮大な構えと同じほどに、地の底の岩根までも深く宮柱を埋め、高天原《たかまのはら》に肱木《ひぎ》の届くほどに屋根の高い、立派な宮殿を築いて私を祭ってくださいますならば、私は百に足らぬ八十の、曲がりくねった道また道を訪ねてゆき、遠い黄泉国《よもつくに》に身を隠すことにいたしましょう。また私の子供である、百八十人の神々は、ヤヘコトシロヌシノ神がその先駆《さきがけ》ともなり殿《しんがり》ともなって、必ずお仕《つか》えいたしますゆえ、一人として仰せに背《そむ》く神はありますまい。」

大国主命は天照大御神に国を譲る代わりに立派な宮殿を建て、自分を祀ることを求めます。

その宮殿の実物は残っていないので、実際にどのようなものだったのかは推測になります。

平成一二年から一三年にかけて、出雲大社境内の遺跡から次々と発掘された三箇所の柱の跡が有力な手がかりになりました。

発掘された柱の跡は、大木を三本組み合わせて一本の柱にしたもので、その直径が約三メートルにも及ぶ巨大なものです。

数々の史料とも合わせて、平安期のもので高さが十六丈（四八メートル）あったと考えられている立派なものだったようです。

「木造としては稀有《けう》の高層建築である」（復元大林組プロジェクトチーム〝古代・出雲大社本殿の復元〟季刊大林組、No.27）と言われています。

ちなみに、大林組の試算で、出雲大社本殿の総工事費（施工法は古代手

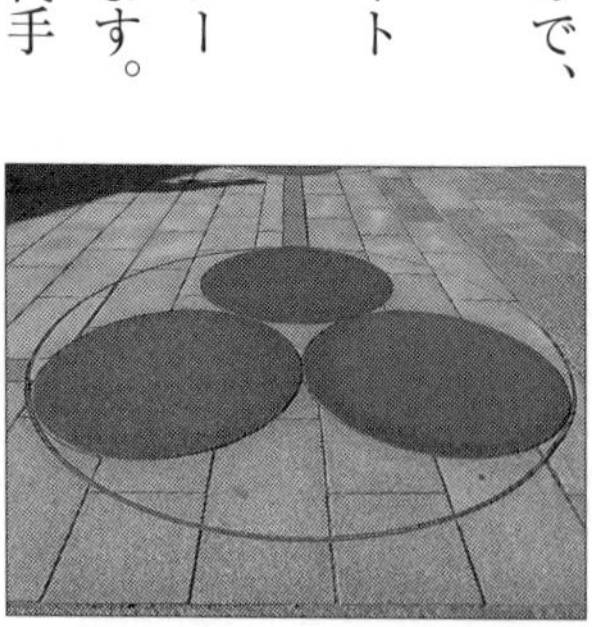

出雲大社から出土した宇豆《うづ》柱《ばしら》の発掘場所を示すマーク

法に準じる。物価、工事関係者の賃金、労働条件などはすべて平成元年三月現在を基準に試算された）は現代の価格で一二一億八千六百万円にものぼったということです。（『古代出雲大社の復元』学生社）

今、その復元図が作られています。それを見たとき、信憑性が高いと思いました。理由は、それがピラミッドの内部とまったくと言っていいくらい同じ作りだったので、あってもおかしくないと思ったからです。

出雲が一番でなくてはだめだったのです。

平安時代の口遊《くちずさみ》に「雲太《うんた》、和二《わに》、京三《きょうさん》」というのがあります。

これは当時の背の高い建物を順に、一番高いのが出雲大社の本殿、二番目が大和の東大寺大仏殿、三番目が京都御所の大極殿《だいごくでん》だといったものです。

出雲大社を建てるとき、天照大御神は別天神の神皇産霊神にお伺いを立てました。

神皇産霊神の指示で、出雲大社はあのような形になったのです。神皇産霊神が出雲大社を作ったと言えます。神皇産霊神が出雲大社に祀られていることからもわかります。

天照大御神は神に占いをたてて指示を仰ぐ神主の役目もします。

いつも、天照大御神に命令を下しているのは高皇産霊神です。

しかし、高皇産霊神は神々の上に立つ神であり、実質的なトップです。

ですから、宇宙を見なければなりません。日本のことは好きなのですが、日本のことだけをみているわけにはいかないのです。

そんなこともあって、天照大御神は出雲に関する相談は神皇産霊神にしています。なぜなら、神皇産霊神は出雲に悪いようにはしないからです。

神皇産霊神は出雲のことが好きで、少し贔屓《ひいき》ぎみなところがあるくらいです。

神に指示を仰ぐときは、二柱に聞いてはいけません。どちらが正しいの、となってしまうからです。

大和と出雲の神がそれぞれにいるのは混乱の元になります。

ここでは大和に統一するしかなかったのです。

## 天孫降臨と瓊瓊杵尊《ニニギノミコト》

### 猿田彦神と天鈿女命

『古事記』では、天照大御神は国譲りがなされた出雲を、正勝吾勝勝速《マサカツアカツカチハヤ》日天忍穂耳尊《ヒアマノオシホミミノミコト》に治めさせようとします。しかし、天忍穂耳尊は子供が生まれたことを理由に断り、自分の代わりにその子に治めさせてはどうかと尋ねます。

つまりこの件《くだり》は、実際は天忍穂耳尊が亡くなっているので、息子の天《アメ》邇邇岐志国邇邇岐志天津日高日子番能邇邇芸命《ニギシクニニギシアマツヒコヒコホノニニギノミコト》を送ったのです。

おわかりでしょうか。『古事記』の伝えるところとは異なり、実は瓊瓊杵尊は天照大御神の孫ではなく息子でした。

天照大御神は瓊瓊杵尊に出雲の国を治める役目を託します。

天照大御神がいよいよ瓊瓊杵尊を遣わそうとしたとき、行く手に立ちはだかる者がいました。

天照大御神は天鈿女命《アメノウスメノミコト》をまず遣わし、事情を把握させます。

天鈿女命が立ちはだかる者に問いただすと、その者は、猿田彦神《サルタヒコノカミ》と名乗り、瓊瓊杵尊の道案内をすべくやってきただけだと言います。

これを聞いて安心した天照大御神は瓊瓊杵尊の出発にあたって、五柱《いつはしら》の神々にお供を命じます。

五柱の神々は、天児屋命《アメノコヤネノミコト》、天太玉命《アメノフトダマノミコト》、天鈿女命《アメノウズメノミコト》、石凝姥命《イシコリドメノミコト》、玉祖命《タマノミオヤノミコト》で、皆、天の岩屋戸のときに功績のあった神たちです。

また、思金神《オモノカネノカミ》、天手力男神《アメノタヂカラヲノカミ》、そして天石都倭居命《アメノイワトワケノミコト》の三柱については身体を高天原に残したまま、魂だけをお供にしました。

瓊瓊杵尊が出雲の国を統治するため、高天原から地上世界へと天下ったその時に、案内役として猿田彦神が先頭に立ちました。

猿田彦神の容貌は赤ら顔で、鼻が高かったと言われることから、異邦人だったと考えられています。

「正統竹内文書」では、猿田彦神はイエス・キリストであると伝えられているのです。

イエス・キリストはユダヤ人でしたから、赤ら顔で鼻が高い風貌（中東のユダヤ人の風貌は白人とは異なります）だったはずなので、外見は猿田彦神と一致します。

イエス・キリストはどこからか、日本にやってきて、五十鈴《いすず》川（伊勢市）の近くに住み、五十鈴彦《いすずひこ》と呼ばれていたと伝えられます。川でユダヤ教の儀式を行っていたようです。

また、イエス・キリストは航海技術をもっていました。イエス・キリストの十二使徒の多くは猟師です。ですから、イエス・キリストにも航海技術がありました。

そうしたことから、伊勢の港湾管理の仕事をするようになり、伊勢津《いせつ》彦《ひこ》とも呼ばれていたようです。ちなみに、「伊勢都比古命《いせつひこのみこと》」という名前が『伊勢国風土記』逸文に記されています。

『古事記』で、猿田彦神が瓊瓊杵尊を案内したのち、役目を終えたこともあり、故郷に帰ることになったとき、それが伊勢の国だとされていいます。また、伊勢の五十鈴川の川上あたりが本拠地だったとも言われています。（猿田彦神社ホームページ）

猿田彦神とイエス・キリストは、伊勢の国、五十鈴川、そして風貌と、いろいろな点で重なります。

なぜ重なるのでしょうか。

それは、猿田彦神とイエス・キリストは同一人物だからです。

つまり、猿田彦神は、五十鈴彦であり、伊勢津彦であり、イエス・キリストだったのです。

もう一人、猿田彦神に関連が深い神について触れておきましょう。天鈿女命です。

天鈿女命は要所要所で大事な役割を果たします。

天鈿女命の神楽舞《かぐらま》いが、天《あま》の岩屋戸《いわやど》から天照大御神が出てくるきっかけにもなりました。

また、瓊瓊杵尊が天下ろうとするときに、立ちはだかる猿田彦神にその真意を問いただしたのも天鈿女命です。

猿田彦神が役目を終えて、故郷に帰るそのときに、瓊瓊杵尊の言葉に従い、猿田彦神を伊勢の国に送っていったのも天鈿女命です。

その後、これもまた瓊瓊杵尊の言葉に従い、天鈿女命は猿田彦神の名を名乗り、猿女《さるめ》氏と呼ばれるようになっていきます。つまり、天鈿女命と猿田彦神は婚姻関係を結んだということです。

イエス・キリストである猿田彦神と結婚した天鈿女命とはマグダラの

マリアのことなのです。

マグダラのマリアは娼婦とも言われます。

広い意味で「遊女」を表す言葉が娼婦と解されたのでしょうが、決して売春婦のことではありません。遊女は踊れる人のことを指します。巫女も、白拍子《しらびょうし》も踊ることができる人ですから遊女です。

天鈿女命も天の岩屋戸で神楽舞いをした遊女だったということと、猿田彦神との関係からも、マグダラのマリアその人だということがわかります。

イエス・キリストとマグダラのマリアはこのようにして会い、結婚していたのです。

口伝では、その後、イエス・キリストが青森まで出かけて行ったということです。

これもまた口伝では、青森の沢口家がイエス・キリストの子孫だということです。

イエスは五十鈴川で洗礼も人々に授けていたわけですから、イエスの子孫が各地に少なからずいると思われます。

## 天孫降臨《てんそんこうりん》

さて、『古事記』に戻って、「天孫降臨」の場面です。

瓊瓊杵尊は天照大御神に授けられた三種の神器をもって、高千穂《たかちほ》に天下りました。

これは、瓊瓊杵尊が高千穂に海軍をもって、そこに拠点を置いたということを意味しています。高千穂に拠点を置く前に、どこにいたのかは謎です。

海外から来たという説が濃厚です。

これは、瓊瓊杵尊が外国人だという意味ではありません。

伊弉諾神、伊弉冉神のところで見たように、もともと、宇宙から日本に神が降り（宇宙飛来説）、日本を起点に世界に出かけて行って、また日本に戻ってくる、という話でした。

瓊瓊杵尊もどこか海外から戻って来たのでしょう。戻って来た場所が高千穂だったということです。

高千穂の峰

## 木花咲耶姫命《コノハナサクヤヒメノミコト》の覚悟

高千穂に天下ったのち、瓊瓊杵尊は笠沙《かささ》の御前《みさき》で木花咲耶姫命に出会い、結婚を申し込みたいと告げます。この姫は、須佐之男命の兄弟、大《オオ》山津見命《ヤマツミノミコト》の娘です。

それを聞いた大山津見命は木花咲耶姫命と、その姉である岩長姫命《イワナガヒメノミコト》の二人を瓊瓊杵尊のもとに嫁入りさせました。

しかし、瓊瓊杵尊は木花咲耶姫命だけを娶《めと》り、姉の岩長姫命を返してしまいます。岩長姫命が醜い姫だったからです。

木花咲耶姫命は美しい代わりに、花のようにはかない寿命しかありませんでした。一方、岩長姫命は容貌こそ醜かったのですが、石のように安定した、末永い寿命を持っていました。木花咲耶姫命を娶り、岩長姫命を返したこのときから、天皇命《すめらみこと》たちの寿命が短くなったと言われています。

瓊瓊杵尊と結婚した木花咲耶姫命が一夜の契《ちぎ》りで身ごもったことを告げると、瓊瓊杵尊は自分の子ではなく、国つ神の子なのではないかと疑います。

そのように疑われた木花咲耶姫命は、おなかの子が国つ神の子であれば無事には生まれず、無事に生まれれば、それがなにより瓊瓊杵尊の子である証だと言い残して産屋に入ります。

しかも、産屋に入ったのち、出入り口を土で固めさせ出られないようにして、外から火をかけさせたのです。

熱湯に手を入れる盟神探湯よりも遥かに激しく、命がけのうけいです。火による祓えでもあったでしょう。

燃えさかる産屋で木花咲耶姫命は三人の男の子を無事に出産しました。だから三人とも、名前に火がついています。火照命《ホデリノミコト》、火須勢理命《ホスセリノミコト》、火《ホ》遠理命《オリノミコト》です。末弟の火遠理命は別の名を彦火火出見尊《ヒコホホデミノミコト》と言います。この彦火火出見尊が、やがて神武《ジンム》天皇の祖先になるのです。

## 海幸彦命《ウミサチヒコノミコト》と山幸彦命《ヤマサチヒコノミコト》

有名な海幸彦命と山幸彦命のお話は、この三人兄弟のうちの二人の物語です。

火照命は海幸彦命として海で漁をし、火遠理命は山幸彦命として山で狩りをし、それぞれ獲物を得ていました。

ある日、山幸彦命が兄の海幸彦命に、互いの道具を交換して仕事をしてみようともちかけます。海幸彦命は山幸彦命の提案を三度断りましたが、山幸彦命は粘りました。最後は根負けした海幸彦命が折れ、道具を交換することになりました。

山幸彦命は兄の釣り針を借りて海に漁に出ますが、さっぱり釣れません。そうこうしているうちに、釣り針をなくしてしまいました。

海幸彦命は山幸彦命が釣り針をなくしたことを知って、激怒します。どんなに謝っても、代わりの釣り針を作って、どれだけ持っていっても海幸彦命は許してくれません。

とうとう、山幸彦命は兄の釣り針を探しに海へ行きました。

山幸彦命は海岸で潮流を司る塩椎神《シオツチノカミ》に出会い、その言葉にしたがったところ、大綿津見命《オオワタツミノミコト》の御殿にたどり着きました。

山幸彦命がたどり着いた、大綿津見命の宮殿はどこにあったのでしょうか。

『古事記』は塩椎神が竹を細かく編んだ舟に山幸彦命を乗せ、言った言葉として、大綿津見命の御殿の場所をこう記します。

「私めがこの船を押し流しますから、ややしばらくの間は、そのまま流されてお行きなさいませ。良い潮路がございましょう。そこでその潮路に乗ってお行きになれば、魚の鱗《うろこ》のように立ちならんだ、宏壮《こうそう》な宮殿がございましょう。これが海の神、すなわち綿津見《わたつみ》の神の宮殿でございます。」

舟をこぎ出し、潮路に乗って行ったところにあるというのです。それでついつい、綿津見の神の宮殿が海中にあると思ってしまう人が多いのです。浦島太郎の絵本の挿絵などで龍宮城《りゅうぐうじょう》が海底にあるように描かれているものも多いですから、それを連想してしまうのも無理はないかもしれませんが、山幸彦命が行った宮殿は水中にあったわけではありません。

このときの大綿津見命の御殿は琉球《りゅうきゅう》（今の沖縄）にあったと伝えられています。

潮路に乗り、着いた先にあった御殿は、回りを海に囲まれたという意味で、海の中にあったのです。

大綿津見命も世襲名です。『古事記』でも何度も登場し、何人もいることがわかります。元々、大綿津見命は奄美大島の地下の神殿に住んでいました。

このころ、大綿津見命を降ろしていた場所が、琉球だということです。竜宮城ならぬ、琉球城とでも言いたくなる御殿です。

この時代から琉球は日本の一部であったことがはっきりとしています。たどり着いた大綿津見命の御殿で、これもまた、塩椎神が言ったとおりに、その娘豊玉姫命《トヨタマヒメノミコト》が山幸彦命を見つけ出してくれました。

二人は結婚し、山幸彦命は釣り針を探しにきたことなどすっかり忘れ、毎日を楽しく過ごしました。

ある日、山幸彦命は兄の釣り針のことを思い出し、大綿津見命に事情を話したところ、大綿津見命は鯛の喉に引っかかっていた釣り針を取り戻してくれました。

単なるおとぎ話だと思うとうっかり見過ごしてしまいますが、大綿津見命は海の支配者です。広い範囲で情報網をもっていることを表しています。

大綿津見命は山幸彦命に釣り針を持たせ、海幸彦命に返すときの呪文も教えました。山幸彦命が陸に戻り、教えられたとおりの方法で兄に釣り針を返すと、海幸彦命は不漁続きになったり、洪水に溺《おぼ》れそうになったりとさんざんな目に遭いました。遂に、海幸彦命は山幸彦命に許しを請《こ》うて和解したものの、それ以来、海幸彦命の子孫は宮殿で海幸彦命の溺れたときの姿を演じて宮廷に仕えていると『古事記』は語っています。

この海幸彦命と山幸彦命の話にもいろいろ隠されている意味があります。

まず、兄弟の対立として描かれていますが、海幸彦命と山幸彦命は本当に兄弟だったのかどうかということです。兄弟対立に姿を借りて、敵対するもの同士の対立を描いていると考えられます。

では、釣り針は何を表しているのでしょうか。

山幸彦命が海幸彦命の釣り針をなくしたということが対立を深めるきっかけになりました。海幸彦命にとっては大事な釣り針で、なくされたなら、それは腹がたちますが、代わりの釣り針をたくさん持っていっても許さないということがあるでしょうか。

釣り針は、海に実権をもつ海幸彦命の、その実権そのものを表しているのです。それをなくしたということは、海幸彦命から実権を奪ったということにほかなりません。

実権を奪われた海幸彦命は敗北しました。勝利した山幸彦命の家系が現在の天皇家につながっていくのです。

### 鵜草葺不合尊《ウガヤフキアエズノミコト》から神武天皇へ

海幸彦命と山幸彦命の間にそのようなことがあったのち、豊玉姫命が出産の迫ったある日、山幸彦命のもとを訪れます。

産屋の屋根を葺《ふ》き終える前に、豊玉姫命は産屋に入り出産しました。このとき、山幸彦命は見てはいけないと言われていたにもかかわらず、豊玉姫命の出産を覗いてしまいます。

出産する姿を見られた豊玉姫命は、恥ずかしい姿を見られては、ここにとどまることはできないと、生まれた御子を残して海に帰っていきました。

やはり、ここでも出産するところを見てはいけないということが繰り返されています。

生まれた御子は、産屋の屋根を葺き終える前に生まれたので、鵜草葺不合尊と名づけられました。

このの ち、豊玉姫命は残してきた夫と子供のもとに、妹の玉依姫 命《タマヨリヒメノミコト》を遣《つか》わします。

そのとき、豊玉姫命が夫、山幸彦命こと火遠理命を思い、このような歌を詠んでいます。

赤玉《あかだま》は　緒《を》さへ光《ひか》れど
白玉《しらたま》の　君《きみ》が装《よそひ》し
貴《たふと》くありけり

赤い玉は、それを貫く緒《お》までも、光り輝いてうるわしいものでございますが、それにもまして、白い玉のように光り輝いた、あなたさまのお姿の貴さが、今に忘れがたいのでございます。

火遠理命も

　沖《おき》つ鳥《とり》　鴨着《かもど》く島《しま》に
　我《わ》が率寝《ゐね》し　妹《いも》は忘《わす》れじ
　世《よ》の尽《ことごと》に

　沖に住む鴨《かも》の寄る島、かの遠い綿津見《わたつみ》の宮に、私がともに寝たうるわしい乙女《おとめ》よ、いとしい姫のことを、一日とても忘れることはあるまい、私の生きる日の限りは。

と返しています。

　このようにして生まれた鵜草葺不合尊と叔母にあたる玉依姫命がのちに結婚し、その間に生まれたのが、彦五瀬命《ヒコイツセノミコト》、稲飯命《イナヒノミコト》、三毛野命《ミケヌノミコト》、そして、若御毛沼命《ワカミケヌノミコト》です。

稲飯命はのちに新羅《しらぎ》国王の祖となる人です。朝鮮半島にできた新羅という国の祖先は日本から行った人なのです。

そして、四男の若御毛沼命こそ、『古事記』が神倭伊波礼毘古命《カムヤマトイワレビコノミコト》と呼んだ、のちの初代天皇、神武天皇なのです。

## すべては日本から始まった

『古事記』の記す話に沿いながら、『帝皇日嗣』で伝えられていることを解説してきました。

さまざまな出来事とともに、大勢の神様が出てきました。

この本を通して知っておいてほしいのは、無の宇宙から今現在、そして未来に至るまで、ずっとつながっているということ。そして、すべては日本から始まったということです。

すべては日本から始まり、日本から世界に広がり、そしてまた世界から日本に戻ってくる。神武天皇以来どころか、宇宙創成のときから繰り返された動きです。

よく、日本は雑種文化だとか、何々は中国大陸や朝鮮半島から渡ってきたとか言われます。確かにそうしたところを経由して戻ってきたこともたくさんあるでしょう。

でも、あくまで、日本から出て行ったものが、日本に戻ってきただけのことです。

宗教というのは扱いが難しいのは誰もが感じるところです。何かと互いに摩擦を起こす、ユダヤ教もイスラム教もキリスト教も実は同じ神を拝んでいます。

それは、とりもなおさず、先祖が同じだったということの証《あかし》です。みんながそのことに気づけば少しは世界が変わるのではないかと思うのですが叶わぬことでしょうか。

もともとは同じ先祖だったということを表す言葉がいくつかあります。意味はほぼ同じです。

それを記して、この本を終えることに致しましょう。

万邦帰一《ばんぽうきいつ》
万国帰一《ばんこくきいつ》

万国同根《ばんこくどうこん》

すめらぎ、弥栄《いやさか》。

# おわりに

これを語るか語らないか、かなり迷った。
長老たちの反対もある。
だが、日本人が日本人であるためには、
自分たちの神話と歴史を知らなければならない。
かなりの日本中心史観である。
しかし、宇宙創成から始まっている歴史である。

真の国際人とは日本史を知っているものである。
自国の歴史と神話を知らなくてはいけない。

この本を出すにあたっては
憲政史家・倉山満氏と氏の主宰する
チャンネルくららのまついみか氏、

倉山工房の雨宮美佐氏、山内智恵子氏、河鰭由起枝氏
そして、佐々木ゆりえ氏（日本歴史文化研究機構）
の御尽力があった。更に
青林堂の蟹江幹彦社長のご理解もあった。
最後に総監督を務めていただいた青林堂専務の
渡辺レイ子様に感謝いたします。

今までも、これからも
日本を愛しています。

日本弥栄《いやさか》！

竹内睦泰ブログ　https://plaza.rakuten.co.jp/takeuchisukune/
宇宙歴史自然研究機構〈UCNO〉　https://www.ucno.info/

## 全国の一の宮（国名・神社・主祭神）

### 北海道・東北

| | | |
|---|---|---|
| 石狩国《いしかり》（北海道） | 北海道神宮《ほっかいどうじんぐう》 | 大国魂神《おおくにたまのかみ》　大那牟遅神《おおなむちのかみ》<br>少彦名神《すくなひこなのかみ》　明治天皇《めいじてんのう》 |
| 津軽国《つがる》（青森県） | 岩木山神社《いわきやまじんじゃ》 | 顕國魂神《うつしくにたまのかみ》　多都比姫神《たつひひめのかみ》<br>宇賀能売神《うがのめのかみ》　大山祇神《おおやまづみのかみ》<br>坂上刈田麿命《さかのうえのかりたまろのみこと》 |
| 陸中国《りくちゅう》（岩手県） | 駒形神社《こまがたじんじゃ》 | 駒形大神《こまがたのおおがみ》（天照大御神《あまてらすおおみかみ》　天之常立尊《あめのとこたちのみこと》<br>国之狭槌尊《くにのさづちのみこと》　吾勝尊《あかつのみこと》　置瀬尊《おきせのみこと》　彦火火出見尊《ひこほほでみのみこと》） |
| 陸奥国《むつ》（宮城県） | 鹽竈神社《しおがまじんじゃ》 | 鹽土老翁神《しおつちおぢのかみ》　武甕槌神《たけみかづちのかみ》<br>経津主神《ふつぬしのかみ》 |
| 出羽国《でわ》（山形県） | 鳥海山大物忌神社《ちょうかいさんおおものいみじんじゃ》 | 倉稲魂神《うかのみたまのかみ》　豊受姫神《とようけひめのかみ》 |
| 岩代国《いわしろ》（福島県） | 伊佐須美《いさすみ》神社 | 伊佐須美大明神（伊弉諾尊《いざなぎのみこと》　伊弉冉尊《いざなみのみこと》<br>大毘古命《おおひこのみこと》　建沼河別命《たけぬなかわわけのみこと》）<br>味耜高彦根命《あじすきたかひこねのみこと》　日本武尊《やまとたけるのみこと》 |
| 陸奥国（福島県） | 都々古別神社《つつこわけじんじゃ》<br>（馬場《ばば》） | |

| | | |
|---|---|---|
| 陸奥国（福島県） | 都々古別神社（八槻《やつき》） | 味耜高彦根命 |
| 陸奥国（福島県） | 石都々古和気神社《いわつつこわけじんじゃ》 | 味耜高彦根命　誉田別命　大国主命 |

## 関東

| | | |
|---|---|---|
| 常陸国（茨城県） | 鹿島神宮《かしまじんぐう》 | 武甕槌大神《たけみかづちのおおかみ》 |
| 下野国《しもつけ》（栃木県） | 日光二荒山神社《にっこうふたらさんじんじゃ》 | 二荒山大神《ふたらやまのおおかみ》（大己貴命《おおなむちのみこと》　田心姫命《たごりひめのみこと》　味耜高彦根命） |
| 下野国（栃木県） | 宇都宮二荒山神社《うつのみやふたあらやまじんじゃ》 | 豊城入彦命《とよきいりひこのみこと》 |
| 上野国《こうずけ》（群馬県） | 貫前神社《ぬきさきじんじゃ》 | 経津主神《ふつぬしのかみ》　姫大神《ひめおおかみ》 |
| 武蔵国《むさし》（埼玉県） | 氷川神社《ひかわじんじゃ》 | 須佐之男命《すさのおのみこと》　稲田姫命《いなだひめのみこと》　大己貴命《おおなむちのみこと》 |
| 武蔵国（埼玉県） | 氷川女體神社《ひかわにょたいじんじゃ》 | 奇稲田姫命《くしいなだひめのみこと》 |
| 知知夫国《ちちぶ》（埼玉県） | 秩父神社《ちちぶじんじゃ》 | 八意思兼命《やごころおもいかねのみこと》　知知夫彦命《ちちぶひこのみこと》　天之御中主神《あめのみなかぬしのかみ》　秩父宮雍仁親王《ちちぶのみややすひとしんのう》 |
| 下総国《しもうさ》（千葉県） | 香取神宮《かとりじんぐう》 | 経津主大神《ふつぬしのおおかみ》 |
| 上総国《かずさ》（千葉県） | 玉前神社《たまさきじんじゃ》 | 玉依姫命《たまよりひめのみこと》 |
| 安房国《あわ》（千葉県） | 安房神社《あわじんじゃ》 | 天太玉命《あめのふとだまのみこと》　天富命《あめのとみのみこと》　天忍日命《あめのおしひのみこと》 |
| 安房国（千葉県） | 洲崎神社《すのさきじんじゃ》 | 天比理乃咩命《あめのひりのめのみこと》 |

| | | |
|---|---|---|
| 相模国《さがみ》（神奈川県） | 鶴岡八幡宮《つるがおかはちまんぐう》 | 応神天皇《おうじんてんのう》 比売神《ひめがみ》 神功皇后《じんぐうこうごう》 |
| 相模国（神奈川県） | 寒川神社《さむかわじんじゃ》 | 寒川比古命《さむかわひこのみこと》 寒川比女命《さむかわひめのみこと》 |

## 甲信越

| | | |
|---|---|---|
| 甲斐国《かい》（山梨県） | 浅間神社《あさまじんじゃ》 | 木花開耶姫命《このはなさくやひめのみこと》 |
| 信濃国《しなの》（長野県） | 諏訪大社《すわたいしゃ》 | 建御名方神《たけみなかたのかみ》 八坂刀売神《やさかとめのかみ》 |
| 越後国《えちご》（新潟県） | 彌彦神社《やひこじんじゃ》 | 天香山命《あめのかごやまのみこと》 |
| 越後国（新潟県） | 居多神社《こたじんじゃ》 | 大国主命《おおくにぬしのみこと》 奴奈川姫命《ぬなかわひめのみこと》 建御名方命《たけみなかたのみこと》 事代主命《ことしろぬしのみこと》 |
| 越後国（新潟県） | 度津神社《わたつじんじゃ》 | 五十《い》猛命《たけるのみこと》 |
| 越中国《えっちゅう》（富山県） | 高瀬神社《たかせじんじゃ》 | 大国主命 |
| 越中国（富山県） | 気多神社《けたじんじゃ》 | 気多大神《けたのおおかみ》（大己貴命） 奴奈加波比売命《ぬなかわひめのみこと》 |
| 越中国（富山県） | 雄山神社《おやまじんじゃ》 峰本社《みねほんしゃ》 | 伊邪那岐神《いざなぎのかみ》 天手力雄神《あめのたちからおのかみ》 |
| 越中国（富山県） | 雄山神社 中宮《ちゅうぐう》 祈願殿《きがんでん》 | 伊邪那岐神 天手力雄神 |
| 越中国（富山県） | 雄山神社 前立《まえたて》 社壇《しゃだん》 | 伊邪那岐神 天手力雄神 |
| 越中国（富山県） | 射水神社《いみずじんじゃ》 | 瓊瓊杵尊《ににぎのみこと》（二上神《ふたがみのかみ》） |

| | | |
|---|---|---|
| 能登国《のと》（石川県） | 気多大社《けたたいしゃ》 | 大国主命 |
| 加賀国《かが》（石川県） | 白山比咩神社《しらやまひめじんじゃ》 | 白山比咩大神《しらやまひめのおおかみ》（菊理媛尊《くくりひめのみこと》） 伊弉諾尊 伊弉冉尊 |
| 越前国《えちぜん》（福井県） | 氣比神宮《けひじんぐう》 | 伊奢沙別命《いざさわけのみこと》 |
| 若狭国《わかさ》（福井県） | 若狭彦神社《わかさひこじんじゃ》 | 彦火火出見尊《ひこほほでみのみこと》 |

## 東海

| | | |
|---|---|---|
| 伊豆国《いず》（静岡県） | 三嶋大社《みしまたいしゃ》 | 大山祇命《おおやまつみのみこと》 積羽八重事代主神《つみはやえことしろぬしのかみ》 |
| 駿河国《するが》（静岡県） | 富士山本宮浅間大社《ふじさんほんぐうせんげんたいしゃ》 | 木花之佐久夜毘売命《このはなのさくやひめのみこと》 |
| 遠江国《とおとうみ》（静岡県） | 小國神社《おくにじんじゃ》 | 大己貴命 |
| 遠江国（静岡県） | 事任八幡宮《ことのままはちまんぐう》 | 己等乃麻知比売命《ことのまちひめのみこと》 |
| 三河国《みかわ》（愛知県） | 砥鹿神社《とがじんじゃ》 | 大己貴命 |
| 尾張国（愛知県） | 真清田神社《ますみだじんじゃ》 | 天火明命《あめのほあかりのみこと》 |
| 尾張国（愛知県） | 大神神社《おおみわじんじゃ》 | 大物主神《おおものぬしのかみ》 |
| 飛騨国《ひだ》（岐阜県） | 水無神社《みなしじんじゃ》 | 水無神《みなしのかみ》（御年大神《みとしのおおかみ》他、十四柱） |
| 美濃国《みの》（岐阜県） | 南宮大社《なんぐうたいしゃ》 | 金山彦命《かなやまひこのみこと》 |
| 伊賀国《いが》（三重県） | 敢國神社《あえくにじんじゃ》 | 大彦命《おおひこのみこと》 |

| | | |
|---|---|---|
| 伊勢《いせ》国（三重県） | 椿大神社《つばきおおかみやしろ》 | 猿田彦大神《さるたひこのおおかみ》 |
| 伊勢国（三重県） | 都波岐奈加等神社《つばきなかとじんじゃ》 | 猿田彦大神 天椹野命《あまのくまのみこと》 中筒之男命《なかづつのおのみこと》 |
| 志摩《しま》国（三重県） | 伊雑宮《いざわのみや》 | 天照大御神御魂《あまてらすおおみかみのみたま》 |
| 志摩国（三重県） | 伊射波神社《いさわじんじゃ》 | 稚日女尊《わかひめのみこと》 伊佐波登美尊《いさわとみのみこと》 玉柱屋姫命《たまはしらやひめのみこと》 狭依姫命《さよりひめのみこと》 |

## 近畿

| | | |
|---|---|---|
| 近江《おうみ》国（滋賀県） | 建部大社《たけべたいしゃ》 | 日本武尊《やまとたけるのみこと》 |
| 山城《やましろ》国（京都府） | 上賀茂神社《かみがもじんじゃ》 | 賀茂別雷大神《かもわけいかづちのおおかみ》 |
| 山城国（京都府） | 下鴨神社《しもがもじんじゃ》 | 賀茂建角身命《かもたけつぬみのみこと》 玉依媛命《たまよりひめのみこと》 |
| 丹波《たんば》国（京都府） | 出雲大神宮《いずもだいじんぐう》 | 大国主命 三穂津姫命《みほつひめのみこと》 |
| 丹後《たんご》国（京都府） | 元伊勢籠神社《もといせこのじんじゃ》 | 彦火明命《ひこほあかりのみこと》 |
| 摂津《せっつ》国（大阪府） | 住吉大社《すみよしたいしゃ》 | 住吉大神《すみよしのおおかみ》（底筒男命《そこつつのおのみこと》 中筒男命《なかつつのおのみこと》 表筒男命《うわつつのおのみこと》） 神功皇后 |
| 摂津国（大阪府） | 坐摩神社《いかすりじんじゃ》 | 生井神《いくいのかみ》 福井神《さくいのかみ》 綱長井神《つながいのかみ》 阿須波神《あすはのかみ》 波比岐神《はひきのかみ》 |
| 河内《かわち》国（大阪府） | 枚岡神社《ひらおかじんじゃ》 | 天児屋根命《あめのこやねのみこと》 比売御神《ひめみかみ》 経津主命《ふつぬしのみこと》 武甕槌命《たけみかづちのみこと》 |
| 和泉《いずみ》国（大阪府） | 大鳥神社《おおとりじんじゃ》 | 日本武尊 大鳥連祖神《おおとりむらじのみおやのかみ》 |

| | | |
|---|---|---|
| 大和国《やまと》（奈良県） | 大神神社《おおみわじんじゃ》 | 大物主大神《おおものぬしのおおかみ》 |
| 紀伊国《きい》（和歌山県） | 伊太祁曽神社《いたきそじんじゃ》 | 五十猛命 |
| 紀伊国（和歌山県） | 日前神宮《ひのくまじんぐう》 | 【日前神宮】日前大神《ひのくまのおおかみ》 |
| | 國懸神宮《くにかかすじんぐう》 | 【國懸神宮】國懸大神《くにかかすのおおかみ》 |
| 紀伊国（和歌山県） | 丹生都比売神社《にうつひめじんじゃ》 | 丹生都比売大神《にうつひめのおおかみ》 |
| 淡路国《あわじ》（兵庫県） | 伊弉諾神宮《いざなぎじんぐう》 | 伊弉諾大神《いざなぎのおおかみ》 |
| 播磨国《はりま》（兵庫県） | 伊和神社《いわじんじゃ》 | 大己貴神 |
| 但馬国《たじま》（兵庫県） | 出石神社《いずしじんじゃ》 | 出石八前大神《いずしやまえのおおかみ》 |
| 但馬国（兵庫県） | 粟鹿神社《あわがじんじゃ》 | 粟鹿大神《あわがのおおかみ》（日子坐王《ひこいますのみこ》、天美佐利命《あめのみさりのみこと》、彦火々出見尊他、全十一柱） |

## 中国

| | | |
|---|---|---|
| 因幡国《いなば》（鳥取県） | 宇倍神社《うべじんじゃ》 | 武内宿禰命《たけのうちのすくねのみこと》 |
| 伯耆国《ほうき》（鳥取県） | 倭文神社《しどりじんじゃ》 | 建葉槌命《たけはづちのみこと》　下照姫命《したてるひめのみこと》 |
| 出雲国《いずも》（鳥取県） | 出雲大社《いずもおおやしろ》 | 大国主大神 |
| 出雲国（鳥取県） | 熊野大社《くまのたいしゃ》 | 加夫呂伎熊野大神《かぶろぎくまのおおかみ》櫛御気野命《くしみけぬのみこと》と称える素盞鳴尊《すさのおのみこと》 |
| 石見国《いわみ》（島根県） | 物部神社《もののべじんじゃ》 | 宇摩志麻遅命《うましまじのみこと》 |

| | | |
|---|---|---|
| 隠岐《おき》国（島根県） | 水若酢神社《みずわかすじんじゃ》 | 水若酢命《みずわかすのみこと》 |
| 隠岐国（島根県） | 由良比女神社《ゆらひめじんじゃ》 | 由良比女命《ゆらひめのみこと》 |
| 備中《びっちゅう》国（岡山県） | 吉備津神社《きびつじんじゃ》 | 大吉備津彦大神《おおきびつひこのおおかみ》 |
| 備前《びぜん》国（岡山県） | 吉備津彦神社《きびつひこじんじゃ》 | 大吉備津彦命《おおきびつひこのみこと》 |
| 備前国（岡山県） | 石上布都魂神社《いそのかみふつみたまじんじゃ》 | 素盞鳴尊《すさのおのみこと》 |
| 美作《みまさか》国（岡山県） | 中山神社《なかやまじんじゃ》 | 鏡作神《かがみつくりのかみ》 |
| 備後《びんご》国（広島県） | 吉備津神社《きびつじんじゃ》 | 大吉備津彦命《おおきびつひこのみこと》 |
| 備後国（広島県） | 素盞鳴神社《すさのおじんじゃ》 | 素盞鳴尊 |
| 安芸《あき》国（広島県） | 厳島神社《いつくしまじんじゃ》 | 市杵島姫命《いちきしまひめのみこと》　田心姫命《たごりひめのみこと》　湍津姫命《たぎつひめのみこと》 |
| 長門《ながと》国（山口県） | 住吉神社《すみよしじんじゃ》 | 住吉大神《すみよしのおおかみ》　応神天皇《おうじんてんのう》　武内宿禰命　神功皇后《じんぐうこうごう》　建御名方命《たけみなかたのみこと》 |
| 周防《すおう》国（山口県） | 玉祖神社《たまのおやじんじゃ》 | 玉祖命《たまのおやのみこと》　外一座不詳 |

## 四国

| | | |
|---|---|---|
| 阿波《あわ》国（徳島県） | 大麻比古神社《おおあさひこじんじゃ》 | 大麻比古大神《おおあさひこのおおかみ》　猿田彦大神 |
| 讃岐《さぬき》国（香川県） | 田村神社《たむらじんじゃ》 | 倭迹迹日百襲姫命《やまとととひももそひめのみこと》　五十狭芹彦命《いさせりひこのみこと》　猿田彦大神　天隠山命《あめのかぐやまのみこと》　天五田根命《あめのいたねのみこと》（五神を総称して田村大神《たむらのおおかみ》） |

| | | |
|---|---|---|
| 伊予国《いよ》（愛媛県） | 大山祇神社《おおやまづみじんじゃ》 | 大山積神《おおやまづみのかみ》 |
| 土佐国《とさ》（高知県） | 土佐神社《とさじんじゃ》 | 味鋤高彦根神《あじすきたかひこねのかみ》　一言主神《ひとことぬしのかみ》 |

## 九州・沖縄

| | | |
|---|---|---|
| 筑前国《ちくぜん》（福岡県） | 筥崎宮《はこざきぐう》 | 応神天皇 |
| 筑前国（福岡県） | 住吉神社《すみよしじんじゃ》 | 底筒男命　中筒男命　表筒男命 |
| 筑後国《ちくご》（福岡県） | 高良大社《こうらたいしゃ》 | 高良玉垂命《こうらたまたれのみこと》 |
| 肥前国《ひぜん》（佐賀県） | 與止日女神社《よどひめじんじゃ》 | 與止日女命《よどひめのみこと》 |
| 肥前国（佐賀県） | 千栗八幡宮《ちりくはちまんぐう》 | 応神天皇　仲哀天皇《ちゅうあいてんのう》　神功皇后 |
| 壱岐国《いき》（長崎県） | 天手長男神社《あめのたながおじんじゃ》 | 天忍穂耳命《あめのおしほみみのみこと》　天手力男命《あめのたぢからおのみこと》　天鈿女命《あめのうずめのみこと》 |
| 対馬国《つしま》（長崎県） | 海神神社《かいじんじんじゃ》 | 豊玉姫命他四柱 |
| 肥後国《ひご》（熊本県） | 阿蘇神社《あそじんじゃ》 | 健磐龍命《たけいわたつのみこと》　阿蘇都比咩命《あそつひめのみこと》　国造速瓶玉命《くにのみやつこはやみかたまのみこと》 |
| 豊前国《ぶぜん》（大分県） | 宇佐神宮《うさじんぐう》 | 八幡大神《はちまんおおかみ》　比売大神《ひめおおかみ》　神功皇后 |
| 豊後国《ぶんご》（大分県） | 西寒多神社《ささむたじんじゃ》 | 西寒多大神《ささむたのおおかみ》（天照大御神） |
| 豊後国（大分県） | 柞原八幡宮《ゆすはらはちまんぐう》 | 応神天皇　仲哀天皇　神功皇后 |
| 日向国《ひゅうが》（宮崎県） | 都農神社《つのじんじゃ》 | 大己貴命《おおなむちのみこと》 |

| | | |
|---|---|---|
| 大隅国《おおすみ》（鹿児島県） | 鹿児島神宮《かごしまじんぐう》 | 天津日高彦穂穂手見尊《あまつひだかひこほほでみのみこと》　豊玉比売命《とよたまひめのみこと》 |
| 薩摩国《さつま》（鹿児島県） | 新田神社《にったじんじゃ》 | 天津日高彦火瓊瓊杵尊《あまつひだかひこほににぎのみこと》 |
| 薩摩国（鹿児島県） | 枚聞神社《ひらききじんじゃ》 | 大日孁貴命《おおひるめむちのみこと》 |
| 琉球国《りゅうきゅう》（沖縄県） | 波上宮《なみのうえぐう》 | 伊弉冊尊《いざなみのみこと》　速玉男尊《はやたまおのみこと》　事解男尊《ことさかおのみこと》 |

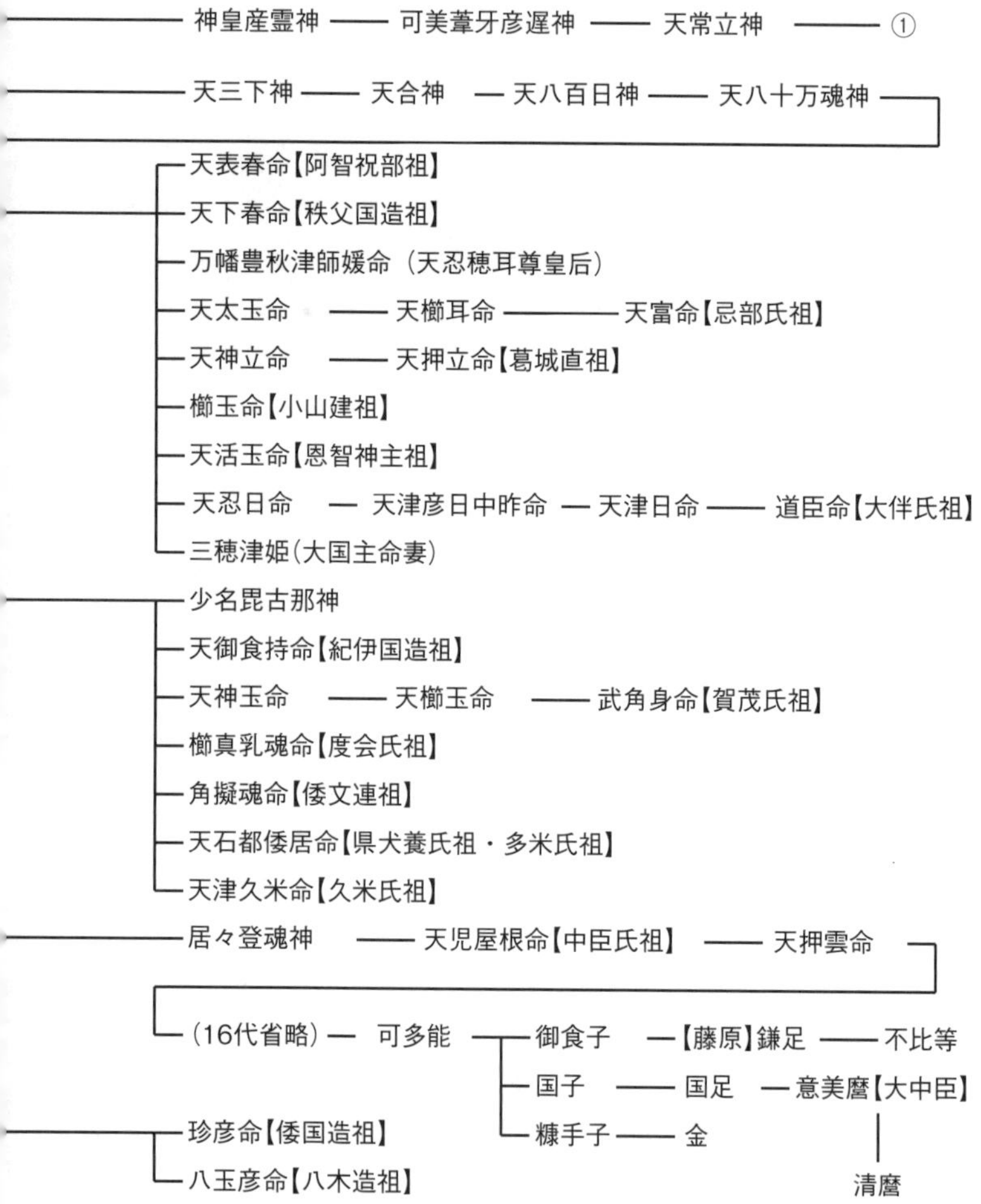
神皇産霊神
可美葦牙彦遅神
天常立神
①
天三下神
天合神
天八百日神
天八十万魂神
天表春命【阿智祝部祖】
天下春命【秩父国造祖】
万幡豊秋津師媛命（天忍穂耳尊皇后）
天太玉命
天櫛耳命
天富命【忌部氏祖】
天神立命
天押立命【葛城直祖】
櫛玉命【小山建祖】
天活玉命【恩智神主祖】
天忍日命
天津彦日中咋命
天津日命
道臣命【大伴氏祖】
三穂津姫（大国主命妻）
少名毘古那神
天御食持命【紀伊国造祖】
天神玉命
天櫛玉命
武角身命【賀茂氏祖】
櫛真乳魂命【度会氏祖】
角擬魂命【倭文連祖】
天石都倭居命【県犬養氏祖・多米氏祖】
天津久米命【久米氏祖】
居々登魂神
天児屋根命【中臣氏祖】
天押雲命
（16代省略）
可多能
御食子
【藤原】鎌足
不比等
国子
国足
意美麿【大中臣】
糠手子
金
清麿
珍彦命【倭国造祖】
八玉彦命【八木造祖】

## 神代系図（諸氏族祖先）

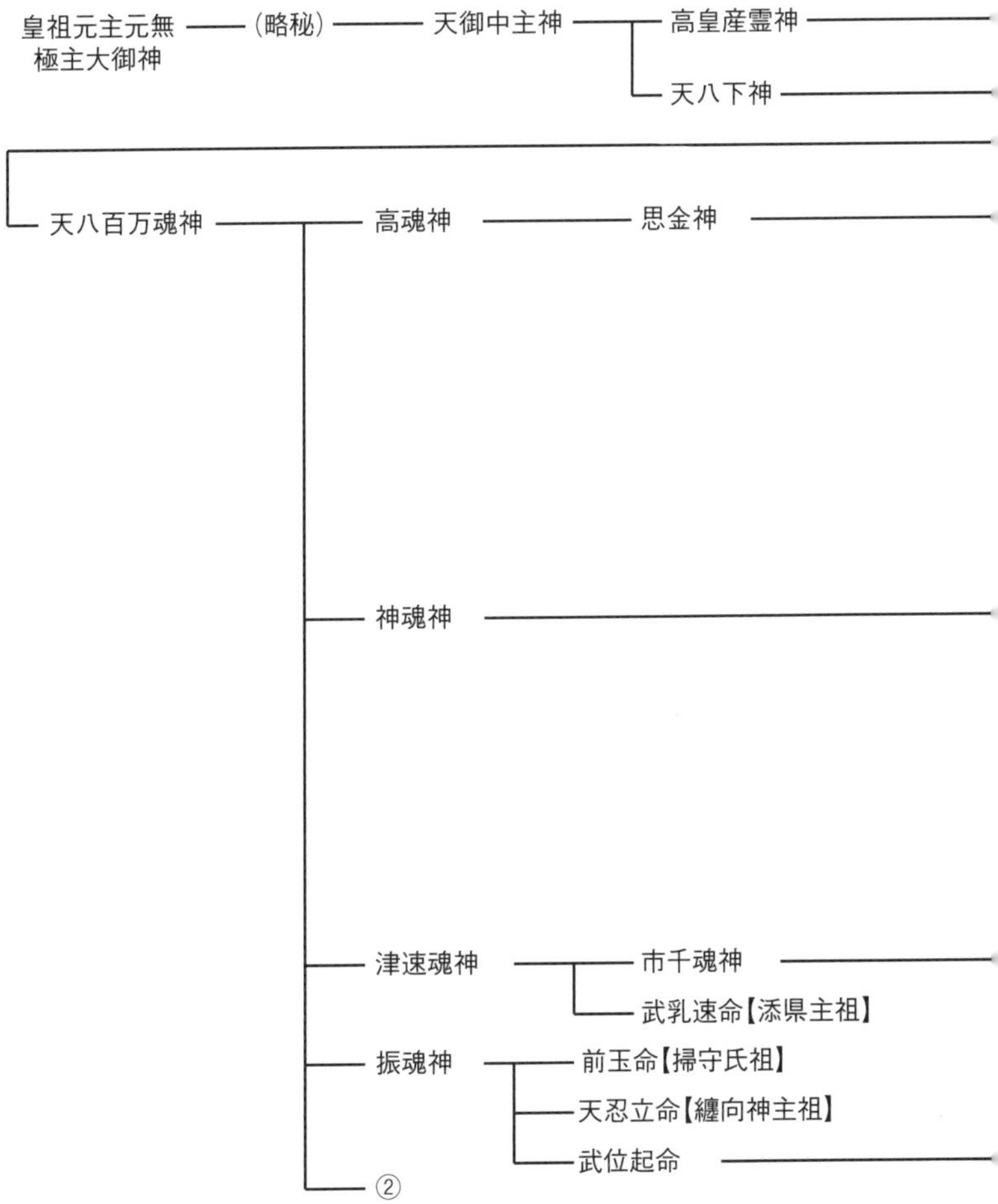

皇祖元主元無極主大御神
（略秘）
天御中主神
高皇産霊神
天八下神
天八百万魂神
高魂神
思金神
神魂神
津速魂神
市千魂神
武乳速命【添県主祖】
振魂神
前玉命【掃守氏祖】
天忍立命【纏向神主祖】
武位起命
②

天八百万魂神 —— ② —— 萬魂神 —— 天剛川命【高宮神主祖】

伊弉諾神
伊弉冉神
③
石速彦神
大戸日別神
天之吹男神
大屋彦神
風木津別忍男神
鳥石楠船神
磐立船戸神
熕神

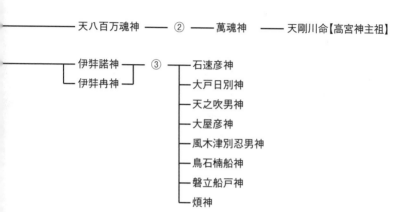

神代系図（諸氏族祖先）

- ① 国常立神 — 国狭槌神 — 豊雲野神
  - 宇比地邇神
  - 須比地邇神
    - 蛭子神
    - 天照大御神〈日神〉（大日霊女尊）
      - 天忍穂耳尊
        - 瓊瓊杵尊 —
        - 天火明命〈饒速日命〉 —
      - 天穂日命【出雲臣祖】
      - 天津日子命
        - 明立天御陰命【凡河内直祖】
        - 天目一神【山城直祖】
      - 活津日子命
      - 熊野楠日命
    - 月夜見命〈月神〉
    - 須佐之男命 —
    - 火之迦具土命〈火神〉
      - 磐筒男神
        - 経津主神【矢作氏祖】
      - 天尾羽張神
        - 甕速日神
        - 熯速日神
        - 武甕槌神【川原氏祖】
    - 大綿津見命〈海神〉
      - 宇津志日子命【安曇氏祖】
      - 穂高見命【阿曇氏祖】
      - 布留玉命【八木氏祖】
    - 大山津見命〈山神〉
    - 久久能智命〈木神〉
    - 級長津彦命〈風神〉
    - 速秋津彦命〈港神〉
    - 草野姫命〈野神〉
    - 金山彦命〈金神〉
    - 埴山姫命〈土神〉
    - 水波姫命〈水神〉
    - 大事忍男命
    - 伊豆能売命
    - 天明玉命
    - 底筒男神 ｝住吉三神
    - 中筒男神 ｝住吉三神
    - 表筒男神 ｝住吉三神
    - 八十禍津日神
    - 大禍津日神
    - 神直日神
    - 大直日神

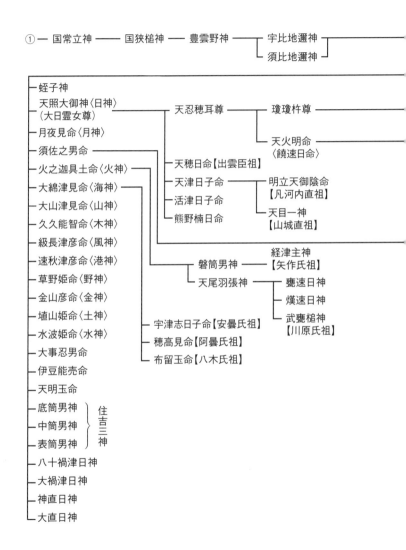

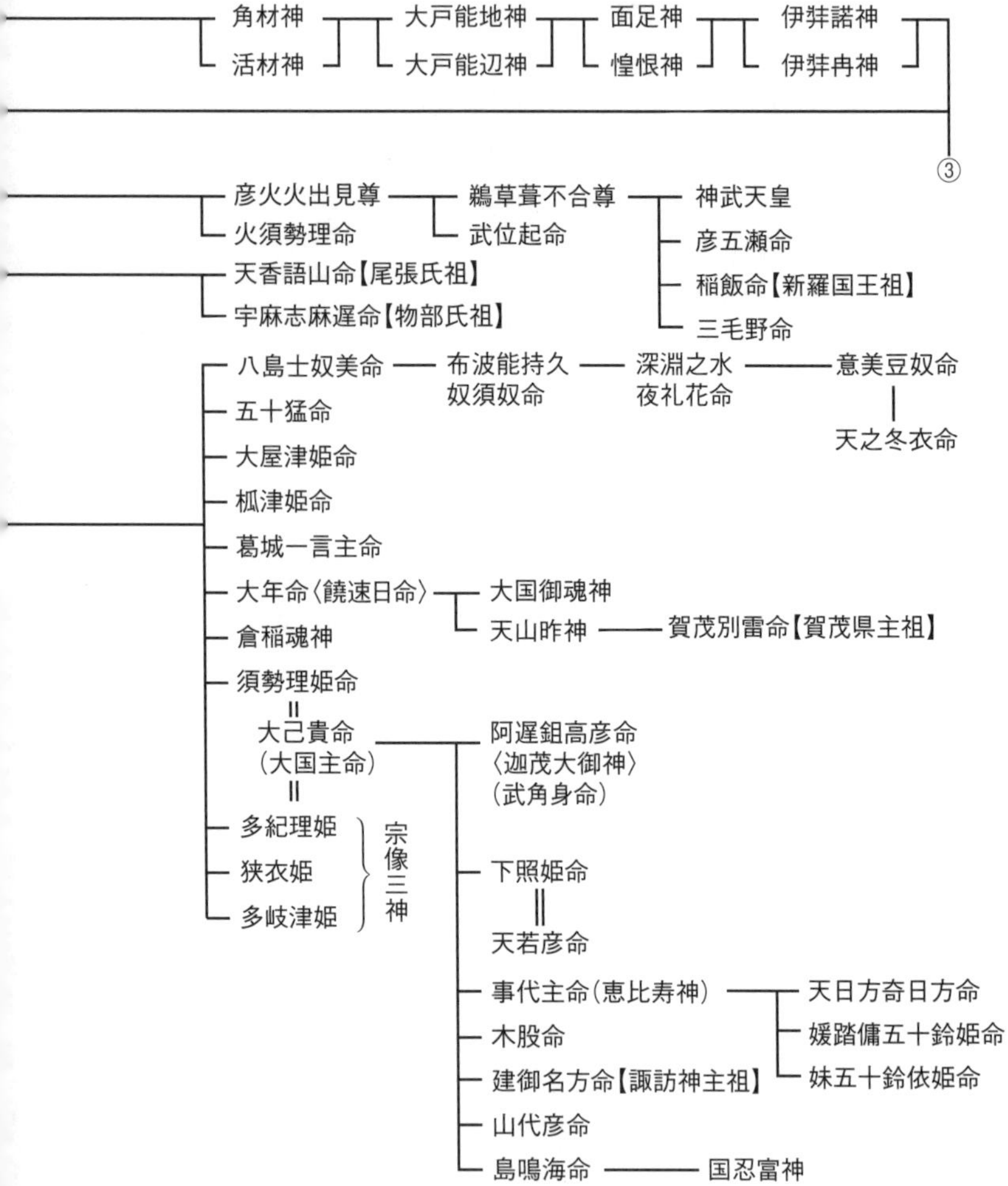
角材神
活材神
大戸能地神
大戸能辺神
面足神
惶根神
伊弉諾神
伊弉冉神
③
彦火火出見尊
火須勢理命
鸕草葺不合尊
武位起命
神武天皇
彦五瀬命
稲飯命【新羅国王祖】
三毛野命
天香語山命【尾張氏祖】
宇麻志麻遅命【物部氏祖】
八島士奴美命
布波能持久奴須奴命
深淵之水夜礼花命
意美豆奴命
天之冬衣命
五十猛命
大屋津姫命
柧津姫命
葛城一言主命
大年命〈饒速日命〉
大国御魂神
天山咋神
賀茂別雷命【賀茂県主祖】
倉稲魂神
須勢理姫命
大己貴命（大国主命）
阿遅鉏高彦命〈迦茂大御神〉（武角身命）
多紀理姫
狭衣姫
多岐津姫
宗像三神
下照姫命
天若彦命
事代主命（恵比寿神）
天日方奇日方命
媛踏鞴五十鈴姫命
妹五十鈴依姫命
木股命
建御名方命【諏訪神主祖】
山代彦命
島鳴海命
国忍富神

神代系図（諸氏族祖先）

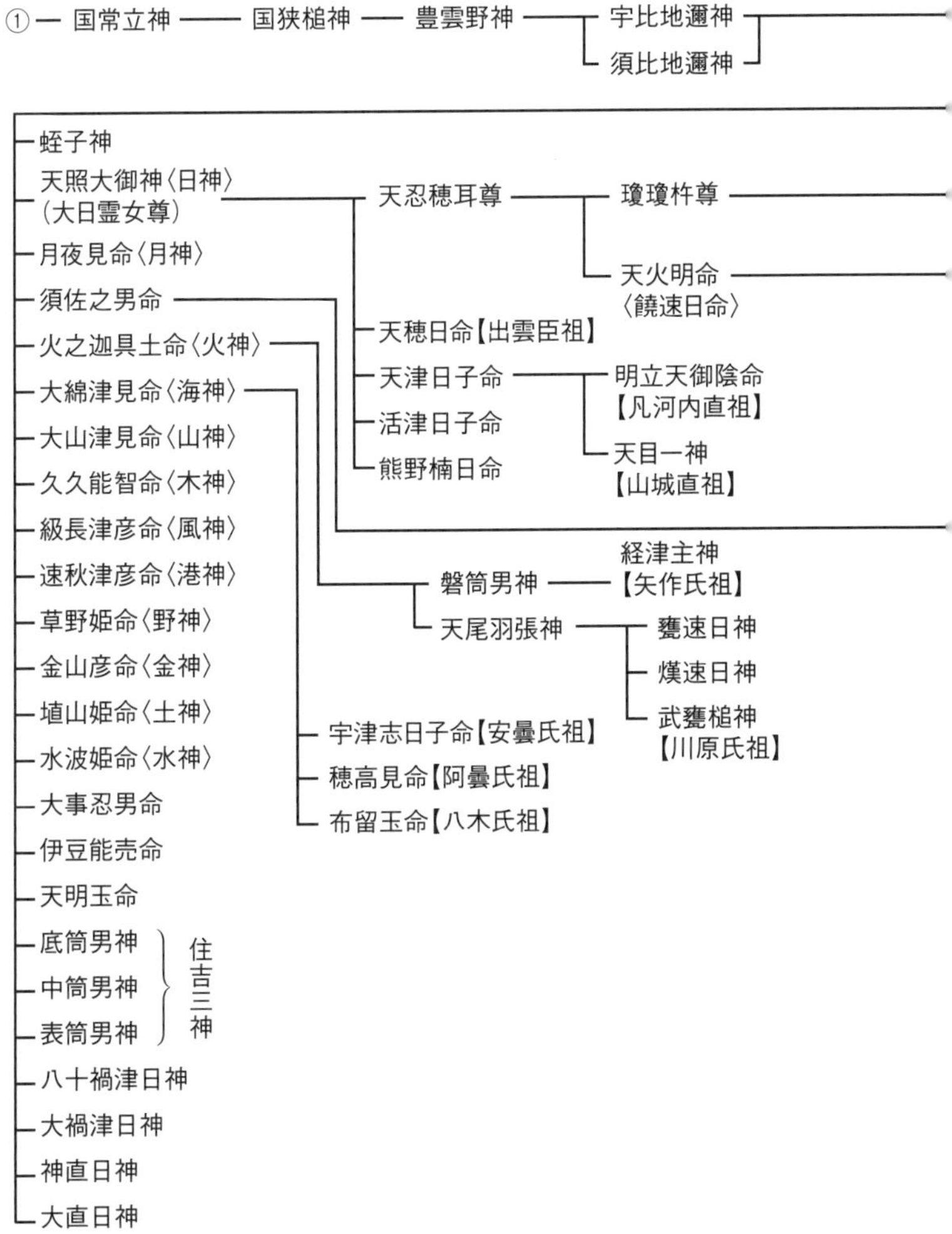
①
国常立神
国狭槌神
豊雲野神
宇比地邇神
須比地邇神
蛭子神
天照大御神〈日神〉
（大日霊女尊）
月夜見命〈月神〉
須佐之男命
火之迦具土命〈火神〉
大綿津見命〈海神〉
大山津見命〈山神〉
久久能智命〈木神〉
級長津彦命〈風神〉
速秋津彦命〈港神〉
草野姫命〈野神〉
金山彦命〈金神〉
埴山姫命〈土神〉
水波姫命〈水神〉
大事忍男命
伊豆能売命
天明玉命
底筒男神
中筒男神
表筒男神
住吉三神
八十禍津日神
大禍津日神
神直日神
大直日神
天忍穂耳尊
瓊瓊杵尊
天火明命
〈饒速日命〉
天穂日命【出雲臣祖】
天津日子命
活津日子命
熊野楠日命
明立天御陰命
【凡河内直祖】
天目一神
【山城直祖】
磐筒男神
経津主神
【矢作氏祖】
天尾羽張神
甕速日神
熯速日神
武甕槌神
【川原氏祖】
宇津志日子命【安曇氏祖】
穂高見命【阿曇氏祖】
布留玉命【八木氏祖】

―― 天八百万魂神 ―― ② ―― 萬魂神 ―― 天剛川命【高宮神主祖】

―― 伊弉諾神
　　伊弉冉神 ―― ③ ――
- 石速彦神
- 大戸日別神
- 天之吹男神
- 大屋彦神
- 風木津別忍男神
- 鳥石楠船神
- 磐立船戸神
- 熕神

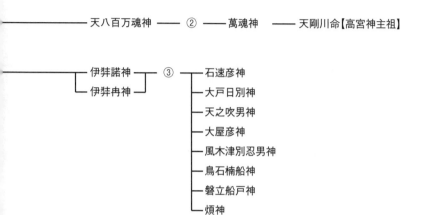

# 参考文献


『新版 古事記』中村啓信訳注　角川書店

『現代語訳 古事記』福永武彦訳　河出書房新社

『神道大系 古典編8　先代舊事本紀《せんだいくじほんき》』鎌田純一校注　神道大系編纂会

『神道事典』國學院大學日本文化研究所編集　弘文堂

『正統竹内文書の謎』竹内睦泰　学研パブリッシング

【著者略歴】

**竹内睦泰**（たけうちむつひろ）

1966年（昭和41年）12月17日生— 2020年（令和2年）1月13日逝去

大阪府出身。中央大学法学部政治学科卒。古神道本庁統理・第七十三世武内宿禰。宇宙歴史自然研究機構〈UCNO〉理事長。地政学者。国学者。歌人。作家。YouTube「チャンネルむっちゃん！」で動画配信。元・代々木ゼミナール日本史講師（公募一期最年少）。外交関係では各国特命全権大使との交流も深い。著書に『正統竹内文書の謎』『古事記の暗号』『天皇の秘儀と秘史』（学研プラス）、『古事記の宇宙』『古事記の邪馬台国』（青林堂）、『超速！日本史の流れ』（ブックマン社）は80万部突破！　夢は死んだら前方後円墳に入ること。愛称はむっちゃん！

# 真・古事記の宇宙

令和2年10月21日　初版発行
令和6年5月5日　第6版発行

著　者　竹内睦泰
発行人　蟹江幹彦
発行所　株式会社　青林堂
〒150-0002　東京都渋谷区渋谷3-7-6
電話　03-5468-7769
装　幀　TSTJ Inc.
協　力　（株）倉山工房
印刷所　中央精版印刷株式会社

Printed in Japan

© Tetsuko Takeuchi　2020
落丁本・乱丁本はお取り替えいたします。
本作品の内容の一部あるいは全部を、著作権者の許諾なく、転載、複写、複製、公衆送信（放送、有線放送、インターネットへのアップロード）、翻訳、翻案等を行なうことは、著作権法上の例外を除き、法律で禁じられています。これらの行為を行なった場合、法律により刑事罰が科せられる可能性があります。

ISBN 978-4-7926-0688-6